ROSETTA SERIES:

NORWEGIAN READER (BOKMÅL)

EDITED BY TONY J RICHARDSON

Rosetta Series: Norwegian Reader (Bokmål)
© JiaHu Books
First Published in Great Britain in 2023 by JiaHu Books part of Richardson-Prachai Solutions, LU7 4QQ, UK.
ISBN: 978-1-78435-313-1
Conditions of sale:

A CIP catalogue record for this book is available at the British Library
Visit us at: jiahubooks.co.uk

For โม, Τύχω and עלה

INTRODUCTION

I have always been deeply interested in less commonly taught languages, and I am thrilled to have finally dedicated time to compiling this collection of readers. These readers aim to bridge the gap between the abundance of beginner's courses available online for free and the actual reading of native materials.
The English translations provided here are not intended to be exemplary in terms of style, but rather designed to assist you in comprehending the Norwegian texts. This is particularly evident in the conversations. In my opinion, this approach is the most suitable for a self-contained textbook like this one.
Vocabulary that can be easily guessed by those with knowledge of another Germanic language has been omitted.
The articles are loosely grouped by topic, although there are no strict rules. This arrangement facilitates memorisation, as key terms are often repeated across two or three texts.

Enjoy,

Tony.

BILINGUAL TEXTS

NORSK SPRÅK OG DETS HISTORIE

Norsk språk, det offisielle språket i Norge, har en rik historie som strekker seg tilbake i tid og har utviklet seg gjennom forskjellige perioder. Den norske språkfamilien er en del av den nordgermanske grenen og har påvirkning fra flere språk som har formet dets unike karakter. La oss utforske den spennende historien til det norske språket.

Historiske røtter:
Norsk språk har sin opprinnelse i gammelnorsk, som ble talt av vikingene på 800-tallet. Gjennom handel, erobringer og bosetning spredte språket seg over store deler av Skandinavia. På 1300-tallet utviklet gammelnorsk seg til norrønt språk, og forskjellige dialekter begynte å skille seg ut.

Påvirkning fra dansk:
I århundrer var Norge i en union med Danmark, og dette førte til en betydelig påvirkning av dansk på det norske språket. Dansken ble språket til den øvre klassen og administrasjonen, mens bondesamfunnet opprettholdt sine lokale dialekter. Dette førte til utviklingen av bokmål, som er en blanding av gammelnorsk, norrønt og dansk.

Nasjonalt identitet og språkstrid:
Mot slutten av 1800-tallet ble det en økende interesse for å styrke den nasjonale identiteten i Norge. Språkspørsmålet ble en viktig del av denne bevegelsen, og det oppstod en språkstrid mellom de som ønsket å beholde dansk påvirkning (bokmål) og de som ønsket å rense språket for dansk (nynorsk). Dette førte til opprettelsen av to skriftlige normer for norsk språk, som fortsatt eksisterer i dag.

THE NORWEGIAN LANGUAGE AND ITS HISTORY

The Norwegian language, the official language of Norway, has a rich history that stretches back in time and has evolved through various periods. The Norwegian language family is part of the North Germanic branch and has been influenced by several languages that have shaped its unique character. Let us explore the fascinating history of the Norwegian language.

Historical Roots:
The Norwegian language has its origins in Old Norse, spoken by the Vikings in the 9th century. Through trade, conquests, and settlement, the language spread across large parts of Scandinavia. In the 14th century, Old Norse evolved into the Norse language, and different dialects began to emerge.

Influence from Danish:
For centuries, Norway was in a union with Denmark, leading to a significant influence of Danish on the Norwegian language. Danish became the language of the upper class and administration, while the rural communities maintained their local dialects. This resulted in the development of Bokmål, a mixture of Old Norse, Norse, and Danish.

National Identity and Language Conflict:
Towards the end of the 19th century, there was a growing interest in strengthening the national identity in Norway. The language issue became a vital part of this movement, leading to a language conflict between those who wanted to preserve Danish influence (Bokmål) and those who wanted to purify the language from Danish influence (Nynorsk). This led to the establishment of two written norms for the Norwegian language, which still exist today.

Det norske språket i moderne tid:
Etter Norges uavhengighet i 1905, begynte den norske
regjeringen å arbeide for å styrke det norske språket og
fremme bruken av nynorsk i utdanning og administrasjon. I
dag er bokmål og nynorsk likeverdige og offisielle skriftlige
former for det norske språket, og begge brukes i mediene,
offentlige dokumenter og skoler.

Dialekter:
Norge er kjent for sitt mangfold av dialekter, og det er
anslått at det finnes rundt 250 ulike dialekter i landet. Disse
dialektene har røtter i gammelnorsk og har blitt formet av
regionale forskjeller og historiske påvirkninger. Til tross for
at standardisert bokmål og nynorsk brukes, verdsetter
nordmenn fortsatt dialektene sine som en del av
kulturarven.

Norsk språk i en globalisert verden:
I dag står det norske språket overfor nye utfordringer i en
globalisert verden. Engelsk blir stadig mer utbredt, spesielt
blant yngre generasjoner. Likevel er det en sterk forpliktelse
til å bevare det norske språket og sikre at det fortsetter å
utvikle seg i tråd med moderne behov, samtidig som det
holder fast ved sine historiske røtter.

Gjennom århundrene har det norske språket vært en viktig
del av den norske kulturen og identiteten. Dets rike historie
og mangfold av dialekter gjenspeiler landets unike arv. Som
Norge beveger seg inn i fremtiden, vil språket fortsette å
være et symbol på nasjonal stolthet og identitet, samtidig
som det tilpasser seg nye utfordringer i en stadig mer
globalisert verden.

The Norwegian Language in Modern Times:
After Norway gained independence in 1905, the Norwegian government began working to strengthen the Norwegian language and promote the use of Nynorsk in education and administration. Today, Bokmål and Nynorsk are equal and official written forms of the Norwegian language, both used in the media, public documents, and schools.

Dialects:
Norway is known for its diversity of dialects, with an estimated 250 different dialects in the country. These dialects have roots in Old Norse and have been shaped by regional differences and historical influences. Despite the use of standardized Bokmål and Nynorsk, Norwegians still value their dialects as part of their cultural heritage.

The Norwegian Language in a Globalized World:
In today's globalized world, the Norwegian language faces new challenges. English is becoming increasingly prevalent, especially among younger generations. Nevertheless, there is a strong commitment to preserving the Norwegian language and ensuring it continues to evolve in line with modern needs while holding onto its historical roots.

Throughout the centuries, the Norwegian language has been an essential part of Norwegian culture and identity. Its rich history and diversity of dialects reflect the country's unique heritage. As Norway moves into the future, the language will continue to be a symbol of national pride and identity while adapting to new challenges in an increasingly globalized world.

Norrønt - Norse (referring to the Old Norse language)
Likeverdige - Equal
Uavhengighet - Independence
Beholde - Preserve
Arv - Heritage

BOKMÅL OG NYNORSK: FORSKJELLER OG LIKHETER I NORSKE SKRIFTSPRÅK

Norsk språk er unikt ved å ha to offisielle skriftspråk, Bokmål og Nynorsk. Disse to variantene har forskjellige historiske røtter og er fremdeles i bruk i dag, og gir et fascinerende innblikk i den språklige mangfoldigheten i Norge. La oss utforske forskjellene og likhetene mellom Bokmål og Nynorsk.

Bokmål utviklet seg fra dansk og tysk, og det bærer preg av dansk påvirkning fra perioden da Norge var i en union med Danmark. Nynorsk, derimot, er basert på norske dialekter og ble utviklet som en motreaksjon på dansk dominans i skriftspråket. Den norske dikteren Ivar Aasen spilte en viktig rolle i å standardisere Nynorsk på 1800-tallet.

En av de viktigste forskjellene mellom Bokmål og Nynorsk er skrivestilen. Bokmål bruker den danske rettskrivningen, mens Nynorsk er basert på et eget sett med regler som er tett knyttet til norske dialekter. Dette gjør at ord og uttrykk ofte ser forskjellige ut i de to skriftspråkene.

Selv om de deler mange ord, har Bokmål og Nynorsk også en rekke forskjellige ord og uttrykk. Bokmål har ofte tatt opp lånord fra andre språk, mens Nynorsk i større grad har beholdt norske ord og former fra dialektene. Dette kan skape variasjon i uttrykk og betydning mellom de to språkene.

Grammatikken er også en kilde til forskjell mellom Bokmål og Nynorsk. Bokmål har en enklere grammatikk som ligner mer på dansk, mens Nynorsk har en mer konservativ

BOKMÅL AND NYNORSK: DIFFERENCES AND SIMILARITIES IN NORWEGIAN WRITTEN LANGUAGE

The Norwegian language is unique in having two official written languages, Bokmål and Nynorsk. These two variants have different historical roots and are still in use today, providing a fascinating glimpse into the linguistic diversity in Norway. Let's explore the differences and similarities between Bokmål and Nynorsk.

Bokmål evolved from Danish and German, bearing the influence of Danish from the period when Norway was in a union with Denmark. On the other hand, Nynorsk is based on Norwegian dialects and was developed as a reaction to Danish dominance in the written language. The Norwegian poet Ivar Aasen played a crucial role in standardizing Nynorsk in the 19th century.

One of the most significant differences between Bokmål and Nynorsk is the writing style. Bokmål follows Danish spelling, while Nynorsk is based on its own set of rules closely linked to Norwegian dialects. This often results in different-looking words and expressions in the two written languages.

Although they share many words, Bokmål and Nynorsk also have a range of different words and expressions. Bokmål has often adopted loanwords from other languages, while Nynorsk has retained more Norwegian words and forms from the dialects. This can create variation in expressions and meanings between the two languages.

Grammar is also a source of difference between Bokmål and Nynorsk. Bokmål has a simpler grammar more resembling Danish, while Nynorsk has a more conservative grammatikk som ligner mer på gammelnorsk. For eksempel, bestemte artikler og verbformer kan variere mellom skriftspråkene.

Bokmål er det mest utbredte skriftspråket i Norge og blir hovedsakelig brukt i byområder og i de større mediene. Nynorsk blir oftere brukt i landlige områder og er også vanligere i enkelte vestlige fylker. Skoleelever i Norge lærer begge skriftspråkene som en del av pensum.

Både Bokmål og Nynorsk har likeverdig status som offisielle skriftspråk i Norge. Dette betyr at de begge blir brukt i offentlige dokumenter, media og utdanning. Denne offisielle anerkjennelsen er viktig for å bevare språklige tradisjoner og sikre at begge variantene fortsetter å utvikle seg.

Norsk Språkråd, et organ oppnevnt av den norske regjeringen, har ansvar for å regulere og standardisere norsk språk, inkludert Bokmål og Nynorsk. Språkrådet spiller en aktiv rolle i å vedlikeholde og videreutvikle de to skriftspråkene, og det arbeider for å bevare den språklige mangfoldigheten i Norge.

Sammenfattende har Norge to offisielle skriftspråk, Bokmål og Nynorsk, som har forskjellige historiske røtter, skrivestiler, ordforråd og grammatikk. Til tross for disse forskjellene har begge språkene en viktig rolle i å formidle den norske kulturen og identiteten, og de bidrar til å opprettholde den språklige rikdommen i landet.

Dikteren - The poet
Oppnevnt - Appointed
Mangfoldigheten - Diversity
Vedlikeholde - Maintain, uphold
Videreutvikle - Further develop

grammar closer to Old Norse. For instance, definite articles and verb forms may vary between the written languages.

Bokmål is the most widespread written language in Norway and is mainly used in urban areas and the major media. Nynorsk is more commonly used in rural areas and is also more prevalent in certain western counties. School students in Norway learn both written languages as part of the curriculum.

Both Bokmål and Nynorsk have equal status as official written languages in Norway. This means that both are used in public documents, media, and education. This official recognition is important for preserving linguistic traditions and ensuring that both variants continue to evolve.

The Norwegian Language Council, an institution appointed by the Norwegian government, is responsible for regulating and standardizing the Norwegian language, including Bokmål and Nynorsk. The Language Council plays an active role in maintaining and further developing the two written languages and works to preserve the linguistic diversity in Norway.

In summary, Norway has two official written languages, Bokmål and Nynorsk, which have different historical roots, writing styles, vocabularies, and grammars. Despite these differences, both languages play a vital role in conveying Norwegian culture and identity, contributing to the preservation of linguistic richness in the country.

Rettskrivningen - Spelling
Utbredte - Widespread
Vedtatt - Adopted, decided
Opprinnelse - Origin
Pensum - Curriculum

NORGES NASJONALSANG: JA, VI ELSKER DETTE LANDET!

Norges nasjonalsang, "Ja, vi elsker dette landet," er et symbol på den norske nasjonens stolthet og kjærlighet til sitt hjemland. Denne hjertevarme hymnen har en rik historie og er en viktig del av norsk kultur. La oss dykke inn i bakgrunnen og betydningen av Norges nasjonalsang.

"Ja, vi elsker dette landet" ble skrevet av Bjørnstjerne Bjørnson i 1859. Bjørnson var en anerkjent dikter og dramatiker, og hans dikt ble senere tonesatt av Rikard Nordraak. Sangen ble først offentlig fremført den 17. mai 1864 på Eidsvolls plass i Oslo og har siden blitt et fast innslag på nasjonaldagen.

Nasjonalsangen har tre vers, og hvert vers feirer Norges vakre natur, historie og folket. Den første linjen, "Ja, vi elsker dette landet," uttrykker den dype kjærligheten nordmenn har for sitt land. Sangens ord og melodi skaper en følelse av enhet og samhørighet blant det norske folket.

Norges nasjonalsang har spesiell betydning for nasjonaldagen, 17. mai. Dagen feirer undertegningen av Grunnloven i 1814 og markerer Norges uavhengighet. På 17. mai samles folk i hele landet for å delta i flaggheising, barnetog, taler og andre feiringer. Midt i feiringen klinger "Ja, vi elsker dette landet" overalt og binder folk sammen i felles patriotisme.

NORWAY'S NATIONAL ANTHEM: YES, WE LOVE THIS COUNTRY!

Norway's national anthem, "Ja, vi elsker dette landet" (Yes, We Love This Country), is a symbol of Norwegian national pride and love for their homeland. This heartfelt hymn has a rich history and is an integral part of Norwegian culture. Let's delve into the background and significance of Norway's national anthem.

"Ja, vi elsker dette landet" was written by Bjørnstjerne Bjørnson in 1859. Bjørnson was a renowned poet and playwright, and his poem was later set to music by Rikard Nordraak. The song was first publicly performed on May 17, 1864, at Eidsvolls plass in Oslo and has since become a staple on Norway's National Day.

The national anthem has three verses, each celebrating Norway's beautiful nature, history, and people. The opening line, "Yes, we love this country," expresses the deep affection Norwegians have for their land. The words and melody of the song create a sense of unity and togetherness among the Norwegian people.

Norway's national anthem holds special significance on May 17th, Norway's National Day. The day commemorates the signing of the Constitution in 1814 and marks Norway's independence. On May 17th, people across the country gather for flag-raising ceremonies, children's parades, speeches, and other celebrations. Amid the festivities, "Ja, vi elsker dette landet" echoes everywhere, binding people together in a shared sense of patriotism.

Sangen har også blitt brukt i betydningsfulle historiske øyeblikk. Under andre verdenskrig, da Tyskland okkuperte Norge, ble nasjonalsangen forbudt. Likevel fortsatte folk å synge den i hemmelighet som en symbolsk handling av motstand og nasjonal stolthet. Etter krigen gjenoppstod nasjonalsangen som et sterkt symbol på Norges frihet og uavhengighet.

Selv om Norges nasjonalsang har en sentral rolle i nasjonale feiringer og seremonier, er den ikke formelt nedfelt som nasjonalhymne i Grunnloven. Likevel har den blitt anerkjent som den uoffisielle nasjonalsangen og er høyt verdsatt av nordmenn.

Norges nasjonalsang er mer enn bare ord og toner; den er en følelse av fellesskap og stolthet som knytter folket sammen. Sangen symboliserer Norges rike historie, mangfoldige natur og det sterke båndet mellom nordmenn og deres land. Uansett hvor i verden nordmenn befinner seg, vil tonene av "Ja, vi elsker dette landet" alltid minne dem om hjemlandet sitt og den sterke nasjonale identiteten de bærer med seg.

The anthem has also been used during significant historical moments. During World War II, when Germany occupied Norway, the national anthem was banned. However, people continued to sing it in secret as a symbolic act of resistance and national pride. After the war, the anthem resurfaced as a powerful symbol of Norway's freedom and independence.

Although Norway's national anthem does not have formal constitutional recognition as the official national hymn, it has been acknowledged as the unofficial national anthem and is highly valued by Norwegians.

Norway's national anthem is more than just words and music; it represents a sense of community and pride that binds the people together. The song symbolizes Norway's rich history, diverse nature, and the strong bond between Norwegians and their country. Wherever Norwegians may be in the world, the notes of "Yes, We Love This Country" will always remind them of their homeland and the strong national identity they carry with them.

Hjertevarme - Heartfelt
Tonesatt - Set to music
Eidsvolls plass - Eidsvoll Square (a location in Oslo)
Forbudt - Forbidden
Motstand - Resistance
Nedfelt - Enshrined, codified
Uoffisielle - Unofficial
Verdsatt - Valued
Båndet - Bond, tie
Uansett - Regardless, no matter

LINGVISTISKE FORBINDELSER MELLOM SVENSK, NORSK OG DANSK

Svensk, norsk og dansk er skandinaviske språk som har sterke lingvistiske forbindelser på grunn av deres felles opprinnelse og historiske utvikling. Disse tre språkene tilhører den nordiske språkfamilien og har likheter i grammatikk, ordforråd og uttale. La oss utforske de viktige lingvistiske lenkene mellom svensk, norsk og dansk.

Språkfamilie og Felles Opprinnelse:
Svensk, norsk og dansk er alle del av den nordgermanske grenen av den indoeuropeiske språkfamilien. De stammer fra gammelnorsk, som var felles for alle nordiske språk i vikingtiden. Etter hvert som vikingene spredte seg over Skandinavia, utviklet hver region sine egne dialektvarianter, noe som førte til skapingen av separate språk, inkludert svensk, norsk og dansk.

Grammatikk:
De skandinaviske språkene har lignende grammatikk, spesielt når det gjelder bøying av substantiver, adjektiver og verb. For eksempel bruker alle tre språkene de fire kasusene: nominativ, genitiv, dativ og akkusativ. De har også lignende syntaks, som gjør det relativt enkelt for en svensk, norsk eller dansk talende å forstå strukturen i de andre to språkene.

Ordforråd:
Selv om svensk, norsk og dansk har mye felles ordforråd, er det også forskjeller som reflekterer den historiske utviklingen og påvirkningen fra andre språk.

LINGUISTIC CONNECTIONS BETWEEN SWEDISH, NORWEGIAN, AND DANISH

Swedish, Norwegian, and Danish are Scandinavian languages that have strong linguistic connections due to their common origin and historical development. These three languages belong to the North Germanic branch of the Indo-European language family. They share similarities in grammar, vocabulary, and pronunciation. Let's explore the significant linguistic links between Swedish, Norwegian, and Danish.

Language Family and Common Origin:
Swedish, Norwegian, and Danish are all part of the North Germanic branch of the Indo-European language family. They originate from Old Norse, which was common to all Nordic languages during the Viking Age. As the Vikings spread across Scandinavia, each region developed its own dialect variants, leading to the creation of separate languages, including Swedish, Norwegian, and Danish.

Grammar:
The Scandinavian languages have similar grammar, especially concerning the inflection of nouns, adjectives, and verbs. For example, all three languages use the four cases: nominative, genitive, dative, and accusative. They also have similar syntax, making it relatively easy for a Swedish, Norwegian, or Danish speaker to understand the structure of the other two languages.

Vocabulary:
While Swedish, Norwegian, and Danish have much common vocabulary, there are also differences that reflect historical developments and influence from other languages.

Mange ord er like eller lignende i alle tre språkene, mens andre kan variere i stavemåte eller uttale. Det er også noen ord som er unike for hvert språk, spesielt de som har oppstått gjennom senere historiske påvirkninger.

Uttale:
Uttalen i svensk, norsk og dansk har mange likheter, spesielt når det gjelder konsonanter. For eksempel uttales de fleste konsonanter på lignende måte i alle tre språkene. Imidlertid er det noen forskjeller i uttalen av vokaler, og noen lyder kan variere merkbart mellom språkene. Likevel er de gjensidig forståelige for talere av de tre skandinaviske språkene.

Skrevne Normer:
Hvert av de tre skandinaviske språkene har sine egne skrevne normer: bokmål og nynorsk for norsk, rikssvensk for svensk og rigsdansk for dansk. Disse normene er etablert for å regulere rettskrivning, grammatikk og ordvalg og bidrar til å bevare og standardisere språkene. Selv om de skrevne normene er forskjellige, er det likevel en gjensidig forståelse mellom talere av de tre språkene på grunn av de sterke lingvistiske forbindelsene.

Sammenfattende har svensk, norsk og dansk en solid lingvistisk forbindelse på grunn av deres felles opprinnelse som nordiske språk. De deler likheter i grammatikk, ordforråd og uttale, som bidrar til gjensidig forståelse mellom talere. Disse språklige båndene er en verdifull del av Skandinavias kulturelle arv og er med på å fremme kommunikasjon og samarbeid mellom landene.

Many words are the same or similar in all three languages, while others may vary in spelling or pronunciation. Some words are unique to each language, especially those that have emerged through later historical influences.

Pronunciation:
The pronunciation in Swedish, Norwegian, and Danish has many similarities, especially concerning consonants. For example, most consonants are pronounced similarly in all three languages. However, there are some differences in the pronunciation of vowels, and some sounds may vary noticeably between the languages. Nonetheless, they are mutually intelligible for speakers of the three Scandinavian languages.

Written Norms:
Each of the three Scandinavian languages has its own written norms: Bokmål and Nynorsk for Norwegian, Standard Swedish for Swedish, and Rigsdansk for Danish. These norms are established to regulate spelling, grammar, and word choice and contribute to preserving and standardizing the languages. Although the written norms are different, there is still mutual understanding among speakers of the three languages due to their strong linguistic connections.

In summary, Swedish, Norwegian, and Danish have a solid linguistic connection due to their common origin as Nordic languages. They share similarities in grammar, vocabulary, and pronunciation, which contribute to mutual understanding among speakers. These linguistic ties are a valuable part of Scandinavia's cultural heritage and promote communication and collaboration between the countries.

Gjensidig - Mutual
Bøying - Inflection

NORGES FORHOLD TIL EU: EØS-AVTALEN OG SAMARBEIDET

Norge har et spesielt forhold til Den europeiske union (EU), som er preget av nære økonomiske, politiske og sosiale bånd, til tross for at landet ikke er medlem av EU. Norges forhold til EU bygger på EØS-avtalen, som er en viktig avtale som regulerer samarbeidet mellom Norge og EU på flere områder. La oss utforske dette unike forholdet og hvordan EØS-avtalen fungerer.

EØS-avtalen:
EØS-avtalen, også kjent som Det europeiske økonomiske samarbeidsområde, ble inngått mellom Norge, Island, Liechtenstein og EU i 1994. Avtalen gir Norge tilgang til EUs indre marked, som tillater fri bevegelse av varer, tjenester, kapital og personer mellom Norge og EU-landene. Dette har vært gunstig for Norges økonomi, da det gir bedrifter og borgere muligheten til å nyte godt av det indre markedets fordeler.

Fri bevegelse av personer:
EØS-avtalen gir også Norske borgere rett til å arbeide, studere og bo i andre EØS-land. På samme måte har borgere fra EU-landene rett til å gjøre det samme i Norge. Denne frie bevegelsen av personer har bidratt til en utveksling av kunnskap, arbeidskraft og kultur, som har beriket samfunnet og næringslivet i Norge.

Økonomisk samarbeid:
Gjennom EØS-avtalen har Norge forpliktet seg til å implementere store deler av EUs regelverk innenfor det indre markedet. Dette har bidratt til å skape en harmonisert ramme for økonomisk samarbeid mellom Norge og EU,

NORWAY'S RELATIONSHIP WITH THE EU: THE EEA AGREEMENT AND COOPERATION

Norway has a unique relationship with the European Union (EU), characterized by close economic, political, and social ties despite not being an EU member. Norway's relationship with the EU is based on the EEA Agreement, which is a crucial agreement that regulates cooperation between Norway and the EU in various areas. Let's explore this distinctive relationship and how the EEA Agreement functions.

The EEA Agreement:
The EEA Agreement, also known as the European Economic Area, was established between Norway, Iceland, Liechtenstein, and the EU in 1994. The agreement grants Norway access to the EU's internal market, allowing for the free movement of goods, services, capital, and people between Norway and EU countries. This has been beneficial for Norway's economy, as it provides businesses and citizens with the advantages of the internal market.

Free Movement of People:
The EEA Agreement also grants Norwegian citizens the right to work, study, and reside in other EEA countries. Likewise, citizens from EU countries have the same rights in Norway. This free movement of people has contributed to the exchange of knowledge, labor, and culture, enriching society and the business landscape in Norway.
Economic Cooperation:
Through the EEA Agreement, Norway has committed to implementing a significant portion of EU regulations within the internal market. This has helped create a harmonized framework for economic cooperation between Norway and the EU,

som igjen har fremmet handel og investeringer.

Politisk deltakelse:
Selv om Norge ikke er medlem av EU, har landet mulighet til
å delta i mange av EUs programmer og initiativer. Norge
bidrar økonomisk til EUs struktur- og regionalpolitiske fond,
og landet deltar også i samarbeid på områder som klima,
miljøvern og forskning. Dette gjenspeiler Norges vilje til å
bidra til felles europeiske mål og verdier.

Uavhengighet og suverenitet:
Selv om EØS-avtalen gir Norge tett samarbeid med EU, har
Norge fortsatt sin uavhengighet og suverenitet som en ikke-
EU-medlem. Landet kan ta beslutninger som er til det
norske folks beste interesse, uten å være bundet av alle
EUs regelverk. Dette gir Norge en unik fleksibilitet til å
tilpasse seg nasjonale behov og prioriteringer.

Samarbeidets framtid:
Norges forhold til EU er fortsatt et emne for diskusjon og
debatt i norsk politikk. Noen mener at Norge bør søke
medlemskap i EU for å få en sterkere innflytelse på
beslutningene som påvirker landet. Andre mener at EØS-
avtalen gir tilstrekkelig samarbeid med EU uten å ofre full
uavhengighet.

Samlet sett er Norges forhold til EU preget av tett
økonomisk og politisk samarbeid gjennom EØS-avtalen,
samtidig som landet opprettholder sin uavhengighet og
suverenitet som et ikke-EU-medlem. Dette unike forholdet
har vist seg å være fruktbart for Norges økonomi og
samfunn, samtidig som det gir rom for å bevare nasjonale
prioriteringer og verdier.

Samarbeidsområde - Cooperation area
Fri bevegelse - Free movement
Tett - Close   Næringene - Industries (plural form)

promoting trade and investments.

Political Participation:
Even though Norway is not an EU member, the country has
the opportunity to participate in many of the EU's programs
and initiatives. Norway contributes financially to the EU's
structural and regional policy funds and also engages in
cooperation on issues such as climate, environmental
protection, and research. This reflects Norway's willingness
to contribute to common European goals and values.

Independence and Sovereignty:
Despite the close cooperation with the EU through the EEA
Agreement, Norway maintains its independence and
sovereignty as a non-EU member. The country can make
decisions in the best interest of its people without being
bound by all EU regulations. This provides Norway with
unique flexibility to adapt to national needs and priorities.

The Future of Cooperation:
Norway's relationship with the EU continues to be a subject
of discussion and debate in Norwegian politics. Some
believe that Norway should seek EU membership to gain a
stronger influence on decisions affecting the country.
Others argue that the EEA Agreement provides sufficient
cooperation with the EU without sacrificing full
independence.

Overall, Norway's relationship with the EU is characterized
by close economic and political cooperation through the
EEA Agreement, while the country maintains its
independence and sovereignty as a non-EU member. This
unique relationship has proven fruitful for Norway's
economy and society while allowing for the preservation of
national priorities and values.
Næringslivet - Business landscape
Beriket - Enriched   Forpliktet - Committed

VIKINGTIDEN I NORGE: UTFORSKING AV NORRØN SJØFART OG EKSPANSJON

Vikingtiden i Norge, som strakte seg fra slutten av 700-tallet til midten av 1000-tallet, var en bemerkelsesverdig periode i norsk historie. Dette var en tid med stor aktivitet innenfor norrøn sjøfart og ekspansjon, hvor vikingene utvidet sitt innflytelsesrike rike gjennom sine modige sjøreiser. La oss dykke inn i denne spennende perioden og utforske norrønnes sjømenns eventyrlige oppdagelsesreiser og påvirkningen de hadde på både Norge og resten av verden.

Norrøn Sjøfart:
Norrøn sjøfart var hjørnesteinen i vikingenes livsstil, og deres robuste og smidige skip var essensielle for deres oppdagelser og erobringer. De velkjente langskipene hadde karakteristiske dragehoder på baugen, noe som ofte skremte deres motstandere under plyndringstokter. Vikingenes avanserte navigasjonskunnskaper og seilingsteknikker gjorde det mulig for dem å utforske kystlinjer, elver og hav langt utenfor deres eget hjemland.

Oppdagelsesreiser og Ekspansjon:
Vikingene var ekspansive og våget seg ut i det ukjente på sine oppdagelsesreiser. De reiste over Nordsjøen, Atlanterhavet og Middelhavet og etablerte handelsforbindelser med andre land og kulturer. Vikingenes mot til å utforske fjerne steder førte til oppdagelsen av nye territorier, inkludert Island, Grønland og til og med Vinland, som antas å være dagens Newfoundland i Nord-Amerika.

Plyndringstokter og Handelsforbindelser:
Selv om vikingene hadde et fryktinngytende rykte for sine plyndringstokter, var handelsforbindelser like viktig for dem.

THE VIKING AGE IN NORWAY: EXPLORING NORSE SEAFARING AND EXPANSION

The Viking Age in Norway, which extended from the late 8th century to the mid-10th century, was a remarkable period in Norwegian history. It was a time of significant activity in Norse seafaring and expansion, where the Vikings expanded their influential empire through their daring sea voyages. Let's delve into this exciting period and explore the adventurous explorations of Norse sailors and the impact they had on both Norway and the rest of the world.

Norse Seafaring:
Norse seafaring was at the heart of the Vikings' way of life, and their robust and agile ships were essential for their discoveries and conquests. The well-known longships had distinctive dragon heads on the bow, which often intimidated their adversaries during raids. The Vikings' advanced navigation skills and sailing techniques enabled them to explore coastlines, rivers, and seas far beyond their homeland.

Explorations and Expansion:
The Vikings were expansive and ventured into the unknown on their explorations. They traveled across the North Sea, the Atlantic Ocean, and the Mediterranean Sea, establishing trade connections with other lands and cultures. The Vikings' courage to explore distant places led to the discovery of new territories, including Iceland, Greenland, and even Vinland, believed to be present-day Newfoundland in North America.

Raids and Trade Connections:
While the Vikings had a fearsome reputation for their raids, trade connections were equally important to them.

De byttet varer som pelsverk, skinn, trelast og metaller mot luksusvarer som krydder, keramikk og silke. Disse handelsforbindelsene bidro til å styrke Norges økonomi og kulturelle rikdom.

Kulturell Påvirkning:
Gjennom sine ekspansjoner og handelsforbindelser hadde vikingene en betydelig kulturell påvirkning på de områdene de utforsket. De delte sine kunnskaper om sjøfart, landbruk, våpenproduksjon og kunst med andre kulturer. Vikingenes rike mytologi og sagatradisjon ble også formidlet videre til andre samfunn.

Nedgangen av Vikingtiden:
Mot slutten av 1000-tallet begynte Vikingtiden å avta. Norge gikk gradvis inn i en periode med konsolidering og nasjonsbygging. Kristendommen ble innført, og vikingenes tradisjonelle verdisystem ble gradvis erstattet av kristne verdier. På den tiden hadde Norge også etablert seg som et eget kongedømme med Harald Hårfagre som konge.

Sammenfattende var Vikingtiden i Norge en fascinerende epoke preget av norrøn sjøfart, ekspansjon, oppdagelsesreiser og kulturell påvirkning. Vikingenes dristighet og nysgjerrighet førte til betydelige oppdagelser og handelsforbindelser som formet Norges historie og kulturarv. Deres påvirkning på verden er fortsatt merkbar den dag i dag, og deres arv lever videre i norske tradisjoner og historiefortellinger.

They exchanged goods such as fur, skins, timber, and metals for luxury items like spices, ceramics, and silk. These trade connections contributed to strengthening Norway's economy and cultural wealth.

Cultural Influence:
Through their expansions and trade connections, the Vikings had a significant cultural influence on the regions they explored. They shared their knowledge of seafaring, agriculture, weapon production, and art with other cultures. The Vikings' rich mythology and saga tradition were also passed on to other societies.

Decline of the Viking Age:
Towards the end of the 10th century, the Viking Age began to decline. Norway gradually entered a period of consolidation and nation-building. Christianity was introduced, and the Vikings' traditional value system was gradually replaced by Christian values. At that time, Norway had also established itself as an independent kingdom with Harald Fairhair as its king.

In summary, the Viking Age in Norway was a fascinating era characterized by Norse seafaring, expansion, explorations, and cultural influence. The Vikings' daring and curiosity led to significant discoveries and trade connections that shaped Norway's history and cultural heritage. Their impact on the world is still noticeable today, and their legacy lives on in Norwegian traditions and storytelling.

Norrøn - Norse
Oppdagelsesreiser - Explorations
Plyndringstokter - Raids
Dragehoder - Dragon heads
Nysgjerrighet - Curiosity
Verdisystem - Value system

NORGES SAMLING: HARALD HÅRFAGRE OG FØDSELEN AV ET KONGERIKE

Norges samling, også kjent som rikssamlingen, var en avgjørende periode i norsk historie, der små kongedømmer og stammer ble forent under en felles konge. Harald Hårfagre, en mektig vikingkonge, spilte en sentral rolle i denne prosessen, og hans styre markerte fødselen av et samlet norsk kongerike. La oss utforske denne historiske hendelsen og Harald Hårfagres bidrag til Norges samling.

Norsk Fragmentering:
Før Harald Hårfagre kom til makten på 800-tallet, var Norge preget av fragmentering, med flere mindre kongedømmer og stammer som kjempet om territorium og makt. Disse rivaliseringene førte til konflikter og usikkerhet, og det var behov for en sterk leder som kunne samle landet.

Harald Hårfagre: En Maktsøker:
Harald Hårfagre, som var av kongelig ætt, kom fra Vestlandet og hadde ambisjoner om å bli eneveldig konge over hele Norge. Han var en dyktig kriger og strateg, og gjennom taktiske allianser og militære erobringer begynte han gradvis å utvide sitt rike.

Slaget ved Hafrsfjord:
Det mest avgjørende øyeblikket i Norges samling var slaget ved Hafrsfjord, som antas å ha funnet sted rundt 872. I dette episke slaget vant Harald Hårfagre en avgjørende seier over sine rivaler, og det sies at han ble Norges første eneveldige konge. Slaget ved Hafrsfjord ble derfor et symbol på Norges samling under en felles konge.

THE UNIFICATION OF NORWAY: HARALD FAIRHAIR AND THE BIRTH OF A KINGDOM

The unification of Norway, also known as national consolidation, was a crucial period in Norwegian history, where small kingdoms and tribes were united under a common king. Harald Fairhair, a powerful Viking king, played a central role in this process, and his reign marked the birth of a unified Norwegian kingdom. Let's explore this historical event and Harald Fairhair's contribution to the unification of Norway.

Norwegian Fragmentation:
Before Harald Fairhair came to power in the 9th century, Norway was characterized by fragmentation, with several smaller kingdoms and tribes vying for territory and power. These rivalries led to conflicts and insecurity, and there was a need for a strong leader who could bring the country together.

Harald Fairhair: A Seeker of Power:
Harald Fairhair, who was of royal lineage, hailed from the West Coast of Norway and had ambitions to become the sole ruler of the entire country. He was a skilled warrior and strategist, and through tactical alliances and military conquests, he gradually expanded his realm.

The Battle of Hafrsfjord:
The most decisive moment in Norway's unification was the Battle of Hafrsfjord, believed to have taken place around 872. In this epic battle, Harald Fairhair achieved a crucial victory over his rivals, and it is said that he became Norway's first sole king. The Battle of Hafrsfjord thus became a symbol of Norway's unification under a common king.

Konsolidering av Makten:
Etter slaget ved Hafrsfjord fortsatte Harald Hårfagre å
konsolidere sin makt over hele Norge. Han etablerte et
effektivt sentralstyre, innførte felles lover og skatteregler og
etablerte en enhetlig kongelig mynt. Gjennom hans sterke
lederskap ble Norge gradvis forent under en sterk og
sentralisert kongemakt.

Kongeriket Norge:
Harald Hårfagres styre markerte fødselen av kongeriket
Norge, og han ble kjent som "Norges første konge". Hans
innsats for å samle landet under ett kongerike hadde en
varig innvirkning på Norges historie og kulturarv. Etter hans
død fortsatte hans etterkommere å styre over Norge, og
kongeriket ble videreført som en enhetlig nasjon.

Arven etter Harald Hårfagre:
Harald Hårfagres kongerike la grunnlaget for den norske
nasjonen, og hans innsats for å forene landet har blitt feiret
gjennom århundrer. Hans historie og bedrifter lever videre i
norske sagn og legender, og han er anerkjent som en viktig
figur i Norges historie.

Sammenfattende var Norges samling under Harald
Hårfagres ledelse en avgjørende periode som førte til
fødselen av et samlet norsk kongerike. Gjennom taktiske
allianser og seier i slaget ved Hafrsfjord klarte han å forene
landet under en felles kongemakt. Hans arv lever videre i
norsk historie og er en påminnelse om betydningen av en
sterk og enhetlig ledelse for landets fremtid.

Rikssamlingen - National consolidation/unification
Vestlandet - West Coast of Norway
Eneveldig - Sole/absolute ruler
Sentralstyre - Central government
Skattelegging - Taxation
Hyllest - Celebration/homage

Consolidation of Power:
After the Battle of Hafrsfjord, Harald Fairhair continued to consolidate his power throughout Norway. He established an effective central government, introduced common laws and tax regulations, and established a unified royal currency. Through his strong leadership, Norway was gradually united under a strong and centralized monarchy.

The Kingdom of Norway:
Harald Fairhair's reign marked the birth of the Kingdom of Norway, and he became known as "Norway's first king." His efforts to unify the country under one kingdom had a lasting impact on Norway's history and cultural heritage. After his death, his descendants continued to rule over Norway, and the kingdom was maintained as a unified nation.

The Legacy of Harald Fairhair:
Harald Fairhair's kingdom laid the foundation for the Norwegian nation, and his efforts to unite the country have been celebrated for centuries. His story and achievements live on in Norwegian sagas and legends, and he is recognized as a significant figure in Norway's history.

In summary, the unification of Norway under Harald Fairhair's leadership was a crucial period that led to the birth of a unified Norwegian kingdom. Through tactical alliances and victory in the Battle of Hafrsfjord, he succeeded in uniting the country under a common monarchy. His legacy lives on in Norwegian history and serves as a reminder of the importance of strong and unified leadership for the future of the nation.

Enhetlig - Unified
Varig - Lasting
Forsvarte - Defended
Vellykket - Successful

HANSAFORBUNDET OG NORGE: HANDEL, MAKT OG INNFLYTELSE

Hansaforbundet var en mektig handelsallianse som hadde stor innflytelse i Norden og resten av Europa fra 1200-tallet til 1600-tallet. Forbundet spilte en betydelig rolle i Norges historie, og deres handelsforbindelser påvirket landets økonomi og politikk. La oss utforske Hansaforbundets forhold til Norge, deres handelsaktiviteter og innflytelse.

Handelsaktiviteter:
Hansaforbundet hadde en omfattende handelsvirksomhet i norske havner og handelsbyer. De bygde sine egne handelshus kalt "kontorer" som fungerte som baser for deres handel. De handlet med varer som trelast, fisk, fiskeriprodukter, skinn, metaller og korn, og de eksporterte luksusvarer som krydder, tekstiler og keramikk tilbake til Norge. Hansaforbundet spilte en avgjørende rolle i å fremme handel mellom Norge og resten av Europa.

Hanseatene i Bergen:
Bergen var den viktigste norske byen for Hansaforbundet, og de hadde et betydelig kontor her. Byen ble et handelssentrum hvor hanseatene møtte norske handelsmenn for å handle varer og forhandle avtaler. Hanseatene hadde også en sterk innflytelse over den lokale handelspolitikken og økonomien i Bergen.

Makt og Politisk Innflytelse:
Hansaforbundet hadde ikke bare stor økonomisk innflytelse i Norge, men de hadde også politisk makt. De inngikk avtaler med norske konger og adelen som ga dem privilegier og tollfritak.

THE HANSEATIC LEAGUE AND NORWAY: TRADE, POWER, AND INFLUENCE

The Hanseatic League was a powerful trade alliance that had significant influence in the Nordic region and the rest of Europe from the 13th to the 17th century. The League played a crucial role in Norway's history, and their trade connections impacted the country's economy and politics. Let's explore the Hanseatic League's relationship with Norway, their trading activities, and influence.

Trading Activities:
The Hanseatic League engaged in extensive trade in Norwegian ports and trading cities. They built their own trading houses called "kontorer," which served as bases for their trade. They traded commodities such as timber, fish, fishery products, hides, metals, and grain, and they exported luxury goods like spices, textiles, and ceramics back to Norway. The Hanseatic League played a crucial role in promoting trade between Norway and the rest of Europe.

The Hanseatics in Bergen:
Bergen was the most important Norwegian city for the Hanseatic League, and they had a significant kontor there. The city became a trading hub where the Hanseatics met with Norwegian merchants to trade goods and negotiate agreements. The Hanseatics also had a strong influence over the local trade policies and the economy in Bergen.

Power and Political Influence:
The Hanseatic League not only had significant economic influence in Norway but also had political power. They made agreements with Norwegian kings and nobles that granted them privileges and exemptions from tolls.

Dette ga Hansaforbundet en fordel i handelen og styrket deres posisjon som en dominerende handelsmakt.

Kulturell Utveksling:
Hansaforbundets nærvær i Norge førte også til kulturell utveksling mellom Norge og andre europeiske land. De brakte med seg nye kunnskaper, teknologier og tradisjoner som beriket Norges samfunn. Samtidig ble norsk kultur og tradisjoner også påvirket av de mange utenlandske handelsmennene som besøkte landet.

Nedgang og Ettervirkninger:
Mot slutten av 1500-tallet begynte Hansaforbundets makt å avta, og nye handelsruter og allianser vokste fram. Samtidig mistet Bergen sin posisjon som viktigste handelsby i Norden. Til tross for dette hadde Hansaforbundets handel og innflytelse satt dype spor i Norge, og deres historiske betydning er fortsatt synlig i landets historie og kulturarv.

I oppsummering hadde Hansaforbundet en betydelig innflytelse i Norge gjennom sin omfattende handelsaktivitet og politiske makt. Deres handelssamarbeid med norske havner og byer beriket Norges økonomi og førte til kulturell utveksling. Selv om deres innflytelse gradvis avtok, har Hansaforbundets rolle i Norges historie vært en viktig del av landets utvikling og identitet.

This gave the Hanseatic League an advantage in trade and strengthened their position as a dominant trading power.

Cultural Exchange:
The Hanseatic League's presence in Norway also led to cultural exchange between Norway and other European countries. They brought new knowledge, technologies, and traditions that enriched Norwegian society. At the same time, Norwegian culture and traditions were also influenced by the many foreign merchants who visited the country.

Decline and Aftermath:
Towards the end of the 16th century, the Hanseatic League's power began to wane, and new trade routes and alliances emerged. Simultaneously, Bergen lost its position as the primary trading city in the Nordic region. Despite this, the Hanseatic League's trade and influence left a lasting impact on Norway, and their historical significance is still visible in the country's history and cultural heritage.

In summary, the Hanseatic League had significant influence in Norway through its extensive trading activity and political power. Their trade cooperation with Norwegian ports and cities enriched Norway's economy and fostered cultural exchange. Although their influence gradually declined, the Hanseatic League's role in Norway's history has been a significant part of the country's development and identity.

Trelast - Timber
Fiskeriprodukter - Fishery products
Krydder - Spices
Tollfritak - Exemptions from tolls
Vokste fram - Emerged

SVARTEDAUDEN I NORGE: VIRKNINGER OG KONSEKVENSER

Svartedauden, også kjent som den sorte død, var en av de mest ødeleggende pandemiene i menneskets historie. Den traff Norge på midten av 1300-tallet og hadde en dypgripende innvirkning på landets befolkning, økonomi og samfunn. La oss utforske virkningene og konsekvensene av Svartedauden i Norge.

Utbredelse og Dødelighet:
Svartedauden spredte seg raskt og bredt i Norge, og det antas at mellom en tredjedel og halvparten av befolkningen døde som følge av pesten. Byer og landsbyer ble sterkt rammet, og det var ikke uvanlig å se forlatte hus og eiendommer over hele landet. Dødeligheten var spesielt høy blant de som bodde i tettbefolkede områder.

Sosiale Konsekvenser:
Den enorme dødeligheten fra Svartedauden førte til en dramatisk endring i samfunnets struktur. Mange samfunnsgrupper, som bønder og håndverkere, mistet store deler av sin arbeidsstyrke, og det førte til økonomisk og sosial uro. Mangelen på arbeidskraft førte til høyere lønninger for de som var igjen, og det bidro til å endre arbeidsforholdene i landet.

Økonomisk Nedgang:
Svartedauden førte til en betydelig økonomisk nedgang i Norge. Handelen gikk ned, og jordbruksproduksjonen ble svekket på grunn av mangel på arbeidskraft. Samtidig førte den reduserte etterspørselen etter varer til lavere priser. Denne økonomiske nedgangen varte i mange år etter at pesten hadde avtatt.

THE BLACK DEATH IN NORWAY: IMPACT AND CONSEQUENCES

The Black Death, also known as the Black Plague, was one of the most devastating pandemics in human history. It struck Norway in the mid-14th century and had a profound impact on the country's population, economy, and society. Let's explore the effects and consequences of the Black Death in Norway.

Spread and Mortality:
The Black Death spread rapidly and extensively in Norway, and it is estimated that between one-third and half of the population died as a result of the plague. Cities and villages were heavily affected, and it was not uncommon to see abandoned houses and properties throughout the country. The mortality rate was particularly high among those living in densely populated areas.

Social Consequences:
The massive mortality from the Black Death led to a dramatic change in the structure of society. Many social groups, such as farmers and craftsmen, lost a significant portion of their workforce, resulting in economic and social unrest. The labor shortage led to higher wages for those who remained, which contributed to changing the labor conditions in the country.

Economic Decline:
The Black Death caused a significant economic downturn in Norway. Trade declined, and agricultural production weakened due to labor shortages. Simultaneously, reduced demand for goods led to lower prices. This economic decline persisted for many years after the plague subsided.

Religiøs Påvirkning:
Svartedauden hadde også en dyp religiøs påvirkning på
befolkningen i Norge. Mange søkte trøst og svar i
religionen, og det førte til økt religiøsitet og fromhet.
Samtidig ble noen religiøse minoriteter, som jødene, utsatt
for forfølgelse og beskyldninger for å ha brakt pesten til
landet.

Endringer i Begravelsespraksis:
Pesten førte til store endringer i begravelser og
begravelsespraksis i Norge. På grunn av det høye antallet
døde, var det vanskelig å følge vanlige begravelsesritualer,
og mange ble gravlagt i fellesgraver. Dette førte til nye
begravelserstradisjoner i landet.

Langsiktige Konsekvenser:
Svartedauden hadde langsiktige konsekvenser for Norge.
Befolkningstallet tok mange år å komme seg etter pestens
herjinger. Samfunnet og økonomien gjennomgikk store
endringer, og det formet Norges fremtidige utvikling.

Sammenfattende hadde Svartedauden en dypgripende
innvirkning på Norge. Dødeligheten var ødeleggende,
samfunnet ble endret, økonomien ble svekket, og det
påvirket også landets religiøse praksis. Selv om landet
gradvis kom seg etter pandemien, hadde Svartedauden en
varig innvirkning på Norges historie og kulturarv.

Svartedauden - The Black Death
Ødeleggende - Devastating
Begravelsespraksis - Burial practices
Fellesgraver - Mass graves
Tettbefolkede - Densely populated
Fromhet - Piety

Religious Influence:
The Black Death also had a profound religious influence on the population in Norway. Many sought comfort and answers in religion, leading to increased religiosity and piety. At the same time, some religious minorities, such as Jews, were subjected to persecution and accusations of bringing the plague to the country.

Changes in Burial Practices:
The plague brought about significant changes in burial practices in Norway. Due to the high number of deaths, it was difficult to follow regular burial rituals, and many were buried in mass graves. This led to new burial traditions in the country.

Long-Term Consequences:
The Black Death had long-term consequences for Norway. It took many years for the population to recover from the ravages of the plague. Society and the economy underwent significant changes, shaping Norway's future development.

In summary, the Black Death had a profound impact on Norway. The mortality was devastating, society changed, the economy weakened, and it also affected the country's religious practices. While the country gradually recovered from the pandemic, the Black Death left a lasting impact on Norway's history and cultural heritage.

Forfølgelse - Persecution
Beskyldninger - Accusations
Langsiktige - Long-term
Herjinger - Ravages
Endringer - Changes
Omgivelser - Surroundings
Kulturarv - Cultural heritage

KALMARUNIONEN OG NORGE: NORGES POSISJON I UNIONEN AV SKANDINAVISKE KONGERIKER

Kalmarunionen var en politisk union som forente de skandinaviske kongerikene Norge, Sverige og Danmark under ett felles monarki på 1300- og 1400-tallet. Unionen hadde en kompleks dynamikk, og Norges posisjon i denne unionen var både utfordrende og viktig. La oss utforske hvordan Kalmarunionen påvirket Norge og landets rolle i unionen.

Opprettelsen av Kalmarunionen:
Kalmarunionen ble etablert i 1397 gjennom Kalmartraktaten, hvor dronning Margaret I av Danmark-Norge ble anerkjent som overhode for unionen. Unionen var ment å være en midlertidig sammenslutning for å sikre felles forsvar mot eksterne trusler, spesielt fra Hanseatene og andre europeiske stormakter.

Norges Rolle i Unionen:
Norge hadde en spesiell posisjon i Kalmarunionen, ettersom landet delte monark med Danmark. Kongen av Danmark var også konge av Norge, noe som betydde at de to landene hadde felles monark, men separate styringsorganer. Dette førte til en situasjon der Norge hadde en viss grad av autonomi innenfor unionen, men samtidig delte de en felles overhode med Danmark.

Utfordringer og Konflikter:
Selv om unionen var ment å være en midlertidig allianse, viste det seg å være vanskelig å opprettholde et stabilt og harmonisk forhold mellom de tre kongerikene. Konflikter om maktfordeling, handelsprivilegier og krigføring oppstod jevnlig, og det var også misnøye blant deler av befolkningen i Norge, spesielt blant adelen.

THE KALMAR UNION AND NORWAY: NORWAY'S POSITION IN THE UNION OF SCANDINAVIAN KINGDOMS

The Kalmar Union was a political union that united the Scandinavian kingdoms of Norway, Sweden, and Denmark under a common monarchy in the 14th and 15th centuries. The union had a complex dynamic, and Norway's position in this union was both challenging and significant. Let's explore how the Kalmar Union affected Norway and its role within the union.

Establishment of the Kalmar Union:
The Kalmar Union was established in 1397 through the Kalmar Union Treaty, where Queen Margaret I of Denmark-Norway was recognized as the head of the union. The union was intended to be a temporary alliance to ensure collective defense against external threats, especially from the Hanseatic League and other European powers.

Norway's Role in the Union:
Norway had a unique position in the Kalmar Union, as the country shared a monarch with Denmark. The King of Denmark was also the King of Norway, which meant that the two countries had a shared monarch but separate governing bodies. This led to a situation where Norway had a degree of autonomy within the union, but at the same time, they shared a common head of state with Denmark.

Challenges and Conflicts:
Although the union was meant to be a temporary alliance, maintaining a stable and harmonious relationship between the three kingdoms proved to be difficult. Conflicts arose over power-sharing, trade privileges, and military campaigns, and there was also dissatisfaction among parts of the Norwegian population, especially among the nobility.

Oppløsning av Unionen:
Kalmarunionen opplevde mange interne stridigheter og
uenigheter, og i 1520-årene ble unionen gradvis svekket.
Etter Stockholm blodbad i 1520, der svenske adelsmenn
ble henrettet på ordre fra den danske kongen, brøt opprør
ut i Sverige. Dette førte til at Sverige løsrev seg fra unionen i
1521. Etter Sveriges løsrivelse, ble Kalmarunionen formelt
oppløst i 1536, og Norge og Danmark ble igjen separate
kongeriker.

Arven etter Kalmarunionen:
Selv om Kalmarunionen var kortvarig og preget av
konflikter, hadde den en betydelig innvirkning på Norges
historie og politiske utvikling. Unionen førte til økt kontakt
og utveksling mellom de skandinaviske landene og bidro til
å styrke det skandinaviske fellesskapet. Samtidig påvirket
unionen også Norges nasjonale identitet og kultur, og den
er fortsatt et viktig kapittel i Norges historie.

I oppsummering hadde Kalmarunionen en kompleks
dynamikk, og Norges posisjon i unionen var utfordrende og
betydningsfull. Selv om unionen til slutt brøt sammen,
etterlot den seg en varig innvirkning på Norges historie og
skandinavisk samarbeid.

Dissolution of the Union:
The Kalmar Union experienced internal strife and disagreements, and in the 1520s, the union gradually weakened. After the Stockholm Bloodbath in 1520, where Swedish nobles were executed on the orders of the Danish king, rebellion broke out in Sweden. This led to Sweden breaking away from the union in 1521. After Sweden's secession, the Kalmar Union was formally dissolved in 1536, and Norway and Denmark once again became separate kingdoms.

The Legacy of the Kalmar Union:
Although the Kalmar Union was short-lived and marked by conflicts, it had a significant impact on Norway's history and political development. The union increased contact and exchange between the Scandinavian countries and contributed to strengthening the Scandinavian community. At the same time, the union also influenced Norway's national identity and culture, and it remains an important chapter in Norway's history.

In summary, the Kalmar Union had a complex dynamic, and Norway's position in the union was challenging and meaningful. Although the union eventually collapsed, it left a lasting impact on Norway's history and Scandinavian cooperation.

Felles - Common
Løsrivelse - Secession
Oppløsning - Dissolution
Uenigheter - Disagreements
Utfordrende - Challenging

NORSK UAVHENGIGHET: FRA DANSK HERREDØMME TIL UNION MED SVERIGE

Norsk uavhengighet har en lang historie, preget av perioder med dansk herredømme og senere en union med Sverige. La oss utforske denne reisen fra Norge som en del av Danmark-Norge til et eget og selvstendig kongerike, før det til slutt gikk inn i en union med Sverige.

Dansk Herredømme:
Fra tidlig middelalder var Norge en del av et felles kongerike med Danmark, kjent som Danmark-Norge. Danskene utøvde politisk og militært herredømme over Norge, og kongen i København var også Norges konge. Selv om Norge beholdt en viss grad av selvstyre, var landet i realiteten underlagt dansk kontroll.

Uavhengighetskamp:
Mot slutten av 1700-tallet begynte ideen om nasjonal uavhengighet å ta form i Norge. Inspirert av andre uavhengighetsbevegelser i Europa, ønsket mange nordmenn å frigjøre seg fra det danske herredømmet og oppnå politisk autonomi.

Grunnloven av 1814:
Etter Napoleonskrigene opplevde Danmark-Norge store politiske omveltninger. Da den danske kongen måtte avstå Norge til Sverige i henhold til Kiel-traktaten, så nordmennene en mulighet til å erklære sin uavhengighet. I 1814 møttes en riksforsamling i Eidsvoll for å utforme en egen grunnlov for Norge.

NORWEGIAN INDEPENDENCE: FROM DANISH RULE TO THE UNION WITH SWEDEN

Norwegian independence has a long history, characterized by periods of Danish rule and later a union with Sweden. Let's explore this journey from Norway being part of Denmark-Norway to becoming a separate and independent kingdom before eventually entering into a union with Sweden.

Danish Rule:
From the early Middle Ages, Norway was part of a joint kingdom with Denmark, known as Denmark-Norway. The Danes exercised political and military control over Norway, and the king in Copenhagen was also the king of Norway. Although Norway retained a certain degree of self-governance, in reality, the country was under Danish control.

Struggle for Independence:
Toward the end of the 18th century, the idea of national independence started to take shape in Norway. Inspired by other independence movements in Europe, many Norwegians desired to break free from Danish rule and achieve political autonomy.

The Constitution of 1814:
After the Napoleonic Wars, Denmark-Norway underwent significant political upheaval. When the Danish king had to cede Norway to Sweden according to the Treaty of Kiel, Norwegians saw an opportunity to declare their independence. In 1814, a National Assembly gathered in Eidsvoll to draft a separate constitution for Norway.

Grunnloven ble signert 17. mai 1814 og etablerte Norge som en selvstendig nasjon med en egen folkevalgt nasjonalforsamling og en monark fra det danske kongehuset.

Unionen med Sverige:
Den norske uavhengigheten var imidlertid kortvarig. Sverige aksepterte ikke Norges uavhengighet, og det brøt ut en kort, men intens krig mellom Norge og Sverige. Til slutt, under trussel om krig med stormaktene, ble det inngått en union mellom Norge og Sverige. Unionen ble formalisert gjennom Karlstad-traktaten i 1905, og Norge ble anerkjent som et eget kongerike under svensk konge.

Fredelig Oppløsning:
Unionen med Sverige var preget av en relativt fredelig sameksistens, og Norge hadde en høy grad av indre selvstyre. Etter hvert vokste imidlertid ønsket om full uavhengighet seg sterkere i Norge. I 1905 avholdt Norge en folkeavstemning, der et overveldende flertall stemte for å avslutte unionen med Sverige. Den 7. juni 1905 erklærte Norge seg som en selvstendig nasjon, og den svenske kongen godtok det fredelige bruddet med Norge.

I oppsummering har Norge gått gjennom en lang reise fra å være en del av Danmark-Norge til å bli et selvstendig kongerike. Etter å ha erklært uavhengighet og opprettet sin egen grunnlov, gikk landet inn i en union med Sverige før det til slutt oppnådde full uavhengighet på en fredelig måte i 1905. Denne historiske reisen har vært avgjørende for Norges nasjonale identitet og politiske utvikling.
Herredømme - Rule
Riksforsamling - National Assembly
Selvstyre - Self-governance
Overveldende - Overwhelming
Folkeavstemning - Referendum
Uavhengighetsbevegelse - Independence movement

The constitution was signed on May 17, 1814, establishing Norway as an independent nation with its own elected national assembly and a monarch from the Danish royal house.

Union with Sweden:
However, Norwegian independence was short-lived. Sweden did not accept Norway's independence, and a brief but intense war broke out between Norway and Sweden. Ultimately, under the threat of war with major European powers, a union was formed between Norway and Sweden. The union was formalized through the Karlstad Treaty in 1905, and Norway was recognized as a separate kingdom under the Swedish king.

Peaceful Dissolution:
The union with Sweden was characterized by a relatively peaceful coexistence, and Norway enjoyed a high degree of internal self-governance. However, the desire for full independence grew stronger in Norway over time. In 1905, Norway held a referendum, in which an overwhelming majority voted to end the union with Sweden. On June 7, 1905, Norway declared itself as an independent nation, and the Swedish king accepted the peaceful break-up with Norway.
In summary, Norway has undergone a long journey from being part of Denmark-Norway to becoming a separate and independent kingdom. After declaring independence and establishing its own constitution, the country entered into a union with Sweden before finally achieving full independence in a peaceful manner in 1905. This historical journey has been crucial for Norway's national identity and political development.
Rikssamlingen - The unification of Norway as a kingdom in the 9th century
Grunnlov - Constitution. Uavhengighetskamp - Struggle for
Krigføring - Warfare   independence

NORSK MOTSTAND UNDER ANDRE VERDENSKRIG: HELTER OG KAMPER

Under Andre verdenskrig ble Norge okkupert av Tyskland, men til tross for den brutale okkupasjonen, steg en sterk motstandsbevegelse opp i Norge. Motstandsbevegelsen besto av modige menn og kvinner som nektet å bøye seg for nazistene og kjempet for Norges frihet. La oss utforske den norske motstandens helter og deres strabaser under krigen.

Starten på Motstandskampen:
Da Tyskland okkuperte Norge i april 1940, startet motstanden umiddelbart. Mange nordmenn nektet å akseptere okkupasjonsmakten og begynte å organisere seg for å motarbeide nazistene. Den norske regjeringen og kongefamilien gikk i eksil, og motstandsbevegelsen begynte å operere både underjordisk og åpent.

Motstandsgrupper og Sabotasje:
Motstandsbevegelsen besto av flere forskjellige grupper og organisasjoner med ulike oppgaver. Noen drev etterretningsarbeid for å samle informasjon om tyske militære aktiviteter, mens andre utførte sabotasjeaksjoner mot okkupasjonsstyrkene. Jernbanesabotasje, sprengning av broer og angrep på tyske kommandosentre var blant motstandens modige handlinger.

Milorg - Den Militære Organisasjonen:
En av de mest kjente motstandsgruppene var Milorg. De var en militær organisasjon som spilte en nøkkelrolle i motstanden og var involvert i mange forskjellige operasjoner. Milorg var sentral i å organisere og trene partisaner som kjempet mot tyskerne.

NORWEGIAN RESISTANCE DURING WORLD WAR II: HEROES AND STRUGGLES

During World War II, Norway was occupied by Germany, but despite the brutal occupation, a strong resistance movement emerged in Norway. The resistance movement consisted of brave men and women who refused to submit to the Nazis and fought for Norway's freedom. Let's explore the heroes of the Norwegian resistance and their struggles during the war.

The Beginning of the Resistance Struggle:
When Germany occupied Norway in April 1940, resistance started immediately. Many Norwegians refused to accept the occupation and began organizing to counter the Nazis. The Norwegian government and royal family went into exile, and the resistance movement began operating both underground and openly.

Resistance Groups and Sabotage:
The resistance movement comprised several different groups and organizations with various tasks. Some conducted intelligence work to gather information about German military activities, while others carried out sabotage operations against the occupation forces. Railway sabotage, blowing up bridges, and attacking German command centers were among the courageous acts of the resistance.

Milorg - The Military Organization:
One of the most well-known resistance groups was Milorg. They were a military organization that played a key role in the resistance and was involved in many different operations. Milorg was instrumental in organizing and training partisans who fought against the Germans.

Kvinnenes Rolle:
Kvinner spilte en viktig rolle i motstandsbevegelsen. De var
aktive i etterretningsarbeid, distribusjon av illegale aviser, og
hjalp flyktninger og allierte soldater å unnslippe tyske
fangeleirer. Mange kvinner risikerte sine liv for å støtte
motstanden og bidro betydelig til kampen for frihet.

Risiko og Straff:
Motstandsarbeidet var farlig, og mange
motstandsmedlemmer ble fanget av tyskerne og utsatt for
forferdelige straffer. De som ble tatt, risikerte henrettelse,
fengsling og tortur. Likevel fortsatte motstandsbevegelsen å
vokse og kjempe for friheten til sitt land.

Alliert Støtte:
Norsk motstand fikk også hjelp fra de allierte. Storbritannia
og andre land leverte våpen og forsyninger til
motstandsbevegelsen, og norske sabotasjeaksjoner hadde
stor innvirkning på tyskernes krigsinnsats.

Frigjøringen:
Motstandens heltemot og kampvilje fortsatte gjennom hele
krigen. I mai 1945 ble Norge endelig frigjort fra den tyske
okkupasjonen, og motstandsbevegelsens innsats hadde
spilt en viktig rolle i å oppnå denne seieren.

I ettertid blir norske motstandskjempere anerkjent som
helter som ofret mye for å kjempe for Norges frihet. De
representerer mot og utholdenhet og har etterlatt en stolt
arv av motstandstradisjoner i Norge.

Motstand - Resistance
Henrettelse - Execution
Utholdenhet - Endurance
Innvirkning - Impact

Women's Role:
Women played an important role in the resistance movement. They were active in intelligence work, distributing illegal newspapers, and helping refugees and Allied soldiers escape from German prisoner camps. Many women risked their lives to support the resistance and made significant contributions to the fight for freedom.

Risks and Punishments:
Resistance work was dangerous, and many resistance members were captured by the Germans and subjected to terrible punishments. Those who were caught risked execution, imprisonment, and torture. Nevertheless, the resistance movement continued to grow and fight for the freedom of their country.

Allied Support:
Norwegian resistance also received help from the Allies. Britain and other countries provided weapons and supplies to the resistance movement, and Norwegian sabotage actions had a significant impact on the German war effort.

Liberation:
The heroism and determination of the resistance continued throughout the war. In May 1945, Norway was finally liberated from German occupation, and the efforts of the resistance played a crucial role in achieving this victory.

In retrospect, Norwegian resistance fighters are recognized as heroes who sacrificed much to fight for Norway's freedom. They embody courage and endurance and have left a proud legacy of resistance traditions in Norway.

Heltemot - Heroism
Strabaser - Struggles
Fangeleirer - Prisoner camps
Innsats - Efforts

OLJEFUNNET I NORGE: ØKONOMISK BOOM OG SAMFUNNSMESSIGE ENDRINGER

Oljefunnet på norsk sokkel på midten av 1960-tallet skulle vise seg å bli et banebrytende øyeblikk i Norges historie. Oppdagelsen av store oljereserver i Nordsjøen ga nasjonen en enestående mulighet til økonomisk vekst og velstand. La oss utforske hvordan oljefunnet har formet Norge gjennom et økonomisk oppsving og betydelige samfunnsmessige endringer.

Oljefunnet og Økonomisk Vekst:
Etter århundrer med en økonomi som primært var basert på fiske, skogbruk og landbruk, åpnet oljefunnet nye horisonter for Norge. Store oljefelt som Ekofisk og Statfjord ble oppdaget, og det viste seg at Nordsjøen hadde enorme mengder olje og gass. Med en jevn strøm av oljeinntekter opplevde Norge et kraftig økonomisk oppsving.

Oljevirksomheten Skaper Arbeidsplasser:
Utviklingen av oljeindustrien førte til betydelig vekst i sysselsettingen. Nye arbeidsplasser ble skapt, og mange nordmenn strømmet til oljeplattformene og relaterte bransjer for å delta i den voksende sektoren. Den økte inntekten fra oljevirksomheten ga også økt etterspørsel etter varer og tjenester, og flere næringer dro nytte av den økonomiske veksten.

Oljefondet - Oljepenger til Framtiden:
For å sikre at oljeformuen kom hele samfunnet til gode, ble Oljefondet etablert i 1990. Fondet er nå kjent som Statens pensjonsfond Utland og er et av verdens største suverene fond.

THE DISCOVERY OF OIL IN NORWAY: ECONOMIC BOOM AND SOCIETAL CHANGES

The discovery of large oil reserves in the Norwegian continental shelf in the mid-1960s proved to be a groundbreaking moment in Norway's history. The finding of significant oil fields in the North Sea provided the nation with a unique opportunity for economic growth and prosperity. Let's explore how the oil discovery has shaped Norway through an economic upswing and significant societal changes.

The Oil Discovery and Economic Growth:
After centuries with an economy primarily based on fishing, forestry, and agriculture, the oil discovery opened new horizons for Norway. Large oil fields such as Ekofisk and Statfjord were found, revealing vast amounts of oil and gas in the North Sea. With a steady stream of oil revenues, Norway experienced a substantial economic upswing.

Oil Industry Creates Jobs:
The development of the oil industry led to significant growth in employment. New jobs were created, and many Norwegians flocked to the oil platforms and related industries to participate in the burgeoning sector. The increased income from the oil industry also generated greater demand for goods and services, benefiting various other industries.

The Oil Fund - Oil Money for the Future:
To ensure that the oil wealth benefited the entire society, the Oil Fund was established in 1990. Now known as the Government Pension Fund Global, it is one of the world's largest sovereign wealth funds.

Inntektene fra oljeindustrien ble investert i aksjer, eiendom og obligasjoner internasjonalt for å sikre at framtidige generasjoner også ville nyte godt av oljeformuen.

Samfunnsmessige Endringer:
Oljefunnet førte også til betydelige samfunnsmessige endringer i Norge. Den økonomiske veksten førte til økt velstand, bedre infrastruktur og utvikling av velferdstjenester. Samtidig opplevde Norge også en urbanisering, da flere mennesker flyttet til byene for å arbeide i oljeindustrien og relaterte sektorer. Dette førte til økt befolkningstetthet og byutvikling.

Miljøutfordringer:
Selv om oljefunnet har brakt økonomiske fordeler, har det også medført miljøutfordringer. Oljeutslipp og klimaendringer har vært bekymringer, og Norge har jobbet med å redusere miljøpåvirkningen av oljevirksomheten og utvikle mer bærekraftige løsninger.

I oppsummering har oljefunnet i Norge ført til et bemerkelsesverdig økonomisk oppsving og betydelige samfunnsmessige endringer. Landets oljeformue har blitt forvaltet for å sikre fremtidig økonomisk stabilitet, samtidig som det har vært utfordringer knyttet til miljøet. Oljefunnet har definitivt satt Norge på kartet som en betydelig aktør i den internasjonale oljeindustrien, samtidig som det har påvirket nasjonens økonomi og samfunn på mange måter.

The income from the oil industry was invested in stocks, real estate, and bonds internationally, securing that future generations would also benefit from the oil wealth.

Societal Changes:
The oil discovery also brought about significant societal changes in Norway. The economic growth resulted in increased prosperity, improved infrastructure, and the development of welfare services. At the same time, Norway also experienced urbanization as more people moved to cities to work in the oil industry and related sectors. This led to higher population density and urban development.

Environmental Challenges:
Despite the economic benefits, the oil discovery also brought environmental challenges. Oil spills and climate change have been concerns, and Norway has been working to reduce the environmental impact of the oil industry and develop more sustainable solutions.

In summary, the oil discovery in Norway has led to a remarkable economic upswing and significant societal changes. The country's oil wealth has been managed to ensure future economic stability, while also facing challenges related to the environment. The oil discovery has undoubtedly put Norway on the map as a significant player in the international oil industry, impacting the nation's economy and society in many ways.

Etterspørsel - Demand
Sysselsetting - Employment
Kontinentalsokkelen - Continental shelf
Vekst - Growth
Jevn - Steady

SAMISK HISTORIE OG KULTUR: URFOLK I NORD-NORGE

Samene er den opprinnelige urbefolkningen i det nordlige Norge, og deres historie og kultur har dype røtter som strekker seg tilbake tusenvis av år. La oss utforske den rike historien og kulturen til samene, som har formet livene deres gjennom generasjoner.

Historie og Bosetning:
Samene, også kjent som Sámi, har eksistert i det nordlige Norge, Sverige, Finland og Russland i flere tusen år. De tidligste bosetningene går tilbake til steinalderen, og samene har tilpasset seg det utfordrende nordlige klimaet og den barske naturen. Tradisjonelt har samene vært nomader, og reindrift har vært en viktig del av deres livsstil.

Kulturell Identitet:
Samene har en unik kulturell identitet med eget språk, musikk, kunst, og tradisjoner. Det samiske språket tilhører den finsk-ugriske språkfamilien og er delt inn i flere dialekter. Den tradisjonelle joiken, en vokal form for sang, er en viktig del av samisk musikk og uttrykker følelser, personer og steder.

Reindrift og Næringsliv:
Reindrift har vært en tradisjonell næring for samene, hvor de har holdt og beitet reinene sine i de vidstrakte nordlige områdene. Reinen har gitt mat, klær og andre nødvendigheter for samene, og reindrift er fortsatt en viktig del av deres kultur og identitet.

SAMI HISTORY AND CULTURE: INDIGENOUS PEOPLE OF NORTHERN NORWAY

The Sami people are the original indigenous inhabitants of northern Norway, and their history and culture have deep roots dating back thousands of years. Let's explore the rich history and culture of the Sami, which have shaped their lives through generations.

History and Settlement:
The Sami, also known as Sámi, have existed in northern Norway, Sweden, Finland, and Russia for thousands of years. The earliest settlements date back to the Stone Age, and the Sami have adapted to the challenging northern climate and harsh nature. Traditionally, the Sami have been nomads, and reindeer herding has been a significant part of their lifestyle.

Cultural Identity:
The Sami have a unique cultural identity with their own language, music, art, and traditions. The Sami language belongs to the Finno-Ugric language family and is divided into several dialects. The traditional joik, a vocal form of singing, is an essential part of Sami music and expresses emotions, people, and places.

Reindeer Herding and Livelihood:
Reindeer herding has been a traditional livelihood for the Sami, where they have kept and grazed their reindeer in the vast northern areas. Reindeer have provided food, clothing, and other necessities for the Sami, and reindeer herding remains a vital part of their culture and identity.

Tilpasning og Kamp for Anerkjennelse:
Gjennom historien har samene opplevd mange utfordringer,
inkludert diskriminering og assimileringstiltak. I mange år
ble samisk kultur undertrykt, og samiske barn ble tvunget til
å gå på norske skoler og snakke norsk. På 1970-tallet
begynte en samisk rettighetsbevegelse å vokse, og i 1989
fikk samisk språk og kultur offisiell anerkjennelse i Norge.

Moderne Samisk Kultur:
I dag er samisk kultur levende og mangfoldig. Samene er
stolte av sin kulturarv og arbeider for å bevare og videreføre
den til kommende generasjoner. Tradisjonell kunst,
håndverk og joik er fortsatt viktige uttrykksformer, samtidig
som samene også har tatt i bruk moderne kunstformer og
teknologi for å fremme sin kultur.

Bevaring av Tradisjoner:
Samene jobber aktivt for å bevare sine tradisjoner og
kulturelle uttrykk. Reindrift er fortsatt en sentral næring, men
samiske organisasjoner arbeider også med å fremme
samisk språk, undervisning, kunst og kultur for å sikre at
den samiske identiteten blir bevart og respektert.

I oppsummering har samisk historie og kultur dype røtter i
det nordlige Norge. Samene har en rik kulturell identitet,
med sin egen unike språk, musikk, kunst og tradisjoner. Til
tross for historiske utfordringer har samene kjempet for
anerkjennelse og bevaring av sin kultur, og i dag er samisk
kultur levende og dynamisk, en stolt representant for urfolk i
det nordlige Norge.

Urfolk - Indigenous people
Opprinnelige - Original, native
Bosetning - Settlement
Joik - A traditional form of Sami song
Næring - Livelihood

Adaptation and Struggle for Recognition:
Throughout history, the Sami have faced many challenges, including discrimination and assimilation efforts. For many years, Sami culture was suppressed, and Sami children were forced to attend Norwegian schools and speak Norwegian. In the 1970s, a Sami rights movement began to grow, and in 1989, Sami language and culture received official recognition in Norway.

Modern Sami Culture:
Today, Sami culture is vibrant and diverse. The Sami take pride in their cultural heritage and work to preserve and pass it on to future generations. Traditional art, crafts, and joik are still essential forms of expression, while the Sami also embrace modern art forms and technology to promote their culture.

Preservation of Traditions:
The Sami actively work to preserve their traditions and cultural expressions. Reindeer herding remains a central livelihood, but Sami organizations also promote Sami language, education, art, and culture to ensure that the Sami identity is preserved and respected.

In summary, Sami history and culture have deep roots in northern Norway. The Sami have a rich cultural identity, with their own unique language, music, art, and traditions. Despite historical challenges, the Sami have fought for recognition and preservation of their culture, and today, Sami culture is alive and dynamic, proudly representing the indigenous people of northern Norway.

Anerkjennelse - Recognition
Uttrykksformer - Forms of expression
Bevaring - Preservation

NORSK SOSIALDEMOKRATI: POLITISK IDEOLOGI OG VELFERDSSTATEN

Norsk sosialdemokrati har formet landets politiske landskap og velferdsstat siden midten av det 20. århundre. La oss utforske denne politiske ideologien og hvordan den har bidratt til oppbyggingen av en omfattende velferdsstat i Norge.

Sosialdemokratiets Grunnprinsipper:
Sosialdemokrati er en politisk ideologi som søker å oppnå sosial rettferdighet gjennom en kombinasjon av markedsøkonomi og statlige inngrep. Det legger vekt på jevn fordeling av ressurser og sosialt sikkerhetsnett for alle borgere. Kjernen i sosialdemokratiets filosofi er å fremme likhet, solidaritet og menneskelig verdighet.

Arbeiderbevegelsens Rolle:
Sosialdemokratiet har dype røtter i Norges arbeiderbevegelse. Gjennom fagforeninger og politiske partier som Arbeiderpartiet har arbeidere kjempet for bedre arbeidsvilkår og sosiale rettigheter. Arbeiderbevegelsen spilte en sentral rolle i oppbyggingen av den norske velferdsstaten.

Oppbygging av Velferdsstaten:
I etterkrigstiden, spesielt på 1960- og 1970-tallet, var sosialdemokratiet dominerende i norsk politikk. Gjennom politiske reformer og sosiale programmer ble en omfattende velferdsstat etablert. Velferdsordninger som helsevesen, utdanning, arbeidsledighetstrygd og pensjoner ble utvidet og gjort tilgjengelige for alle borgere.

NORWEGIAN SOCIAL DEMOCRACY: POLITICAL IDEOLOGY AND THE WELFARE STATE

Norwegian social democracy has shaped the country's political landscape and welfare state since the mid-20th century. Let's explore this political ideology and how it has contributed to the establishment of a comprehensive welfare state in Norway.

The Basic Principles of Social Democracy:
Social democracy is a political ideology that seeks to achieve social justice through a combination of market economy and state intervention. It emphasizes equal distribution of resources and a social safety net for all citizens. At the core of social democracy's philosophy is the promotion of equality, solidarity, and human dignity.

The Role of the Labor Movement:
Social democracy has deep roots in Norway's labor movement. Through labor unions and political parties like the Labor Party (Arbeiderpartiet), workers have fought for better working conditions and social rights. The labor movement played a central role in building the Norwegian welfare state.

Building the Welfare State:
In the post-war period, especially in the 1960s and 1970s, social democracy dominated Norwegian politics. Through political reforms and social programs, a comprehensive welfare state was established. Welfare schemes such as healthcare, education, unemployment benefits, and pensions were expanded and made accessible to all citizens.

Likestilling og Inkludering:
Sosialdemokratiet har også vært en pådriver for likestilling
og inkludering i samfunnet. Gjennom politiske tiltak har
kvinner og minoriteter fått økt tilgang til utdanning,
arbeidsliv og politisk deltakelse. Sosialdemokratiet har vært
en forkjemper for å skape et inkluderende og rettferdig
samfunn der alle får muligheten til å delta og bidra.

Bærekraftig Økonomi:
Sosialdemokratiet legger vekt på en bærekraftig økonomi
som tar hensyn til både menneskelige og miljømessige
behov. Norge har gjennomført en rekke miljøvennlige tiltak
for å redusere klimaendringer og fremme bærekraftig
utvikling. Sosialdemokratiet har vært en viktig pådriver for
disse innsatsene.

Utfordringer og Kontroverser:
Selv om sosialdemokratiet har bidratt til å skape et sterkt
velferdssamfunn, har det også møtt kontroverser og
utfordringer. Spørsmål om balansen mellom statlig styring
og markedskrefter, samt finansieringen av
velferdsordninger, har vært gjenstand for debatt.

I oppsummering har norsk sosialdemokrati spilt en
avgjørende rolle i oppbyggingen av en omfattende
velferdsstat i landet. Gjennom en politikk basert på sosial
rettferdighet, inkludering og bærekraft, har
sosialdemokratiet bidratt til å forme Norge til et samfunn
preget av likhet, solidaritet og menneskelig verdighet.

Equality and Inclusion:
Social democracy has also been a driving force for gender equality and inclusion in society. Through policy measures, women and minorities gained increased access to education, the labor market, and political participation. Social democracy has been an advocate for creating an inclusive and fair society where everyone has the opportunity to participate and contribute.

Sustainable Economy:
Social democracy emphasizes a sustainable economy that considers both human and environmental needs. Norway has implemented various environmentally friendly measures to reduce climate change and promote sustainable development. Social democracy has been a significant driver of these efforts.

Challenges and Controversies:
While social democracy has contributed to creating a strong welfare society, it has also faced controversies and challenges. Questions about the balance between state control and market forces, as well as the financing of welfare programs, have been subjects of debate.

In summary, Norwegian social democracy has played a crucial role in building a comprehensive welfare state in the country. Through policies based on social justice, inclusion, and sustainability, social democracy has contributed to shaping Norway as a society characterized by equality, solidarity, and human dignity.

Rettferdighet - Justice   Innsatsene - Efforts
Fagforeninger - Labor unions
Likestilling - Gender equality
Miljøvennlige - Environmentally friendly
Bærekraftig - Sustainable Gjenstand - Subject
Samfunnsmessige - Societal

OSLO: NORGES PULSERENDE HOVEDSTAD

Oslo, Norges hovedstad, er en pulserende metropol som kombinerer moderne urbanitet med dyp historie og naturlig skjønnhet. La oss utforske denne mangfoldige byen som er kjent for sin rike kultur, fantastiske arkitektur og vakre omgivelser.

Historie og Kultur:
Oslo har en lang historie som strekker seg tilbake til vikingtiden. Byen ble grunnlagt rundt år 1000 og har siden vært et viktig senter for handel, politikk og kultur. I dag er Oslo kjent for sin kulturelle rikdom, med et bredt spekter av museer, teatre og kunstgallerier som reflekterer både historien og samtiden.

Fantastisk Arkitektur:
Oslo byr på en imponerende blanding av gammel og moderne arkitektur. Gamlebyen, kjent som Kvadraturen, er det eldste området i byen og har bevart sin historiske sjarm med brosteinsgater og sjarmerende trehus. På den andre siden er Operaen i Bjørvika et eksempel på moderne arkitektur som har blitt et landemerke i Oslo.

Natur og Fritidsaktiviteter:
En av Oslos største styrker er dens nærhet til naturen. Byen er omgitt av skogkledde åser, innsjøer og fjorden som gir utallige muligheter for friluftsliv og rekreasjon. Oslofolk elsker å tilbringe tid utendørs, enten det er for å gå på tur i Nordmarka, sykle langs Akerselva, eller nyte solnedgangen ved fjorden.

Kulinariske Opplevelser:
Oslo er også kjent for sitt varierte mattilbud. Byen har et blomstrende restaurantmiljø som byr på alt fra tradisjonell norsk mat til internasjonale kulinariske opplevelser.

OSLO: NORWAY'S VIBRANT CAPITAL

Oslo, Norway's capital, is a vibrant metropolis that combines modern urbanity with deep history and natural beauty. Let's explore this diverse city, known for its rich culture, stunning architecture, and beautiful surroundings.

History and Culture:
Oslo has a long history dating back to the Viking Age. The city was founded around the year 1000 and has since been an important center for trade, politics, and culture. Today, Oslo is renowned for its cultural richness, with a wide range of museums, theaters, and art galleries that reflect both its history and contemporary life.

Impressive Architecture:
Oslo offers an impressive blend of old and modern architecture. The Old Town, known as Kvadraturen, is the oldest area in the city and has preserved its historical charm with cobblestone streets and charming wooden houses. On the other hand, the Oslo Opera House in Bjørvika is an example of modern architecture that has become a landmark in Oslo.

Nature and Leisure Activities:
One of Oslo's greatest strengths is its proximity to nature. The city is surrounded by forested hills, lakes, and the fjord, providing countless opportunities for outdoor activities and recreation. Oslovians love spending time outdoors, whether it's hiking in Nordmarka, cycling along Akerselva, or enjoying the sunset by the fjord.

Culinary Experiences:
Oslo is also known for its diverse food offerings. The city has a thriving restaurant scene that offers everything from traditional Norwegian cuisine to international culinary

Mathallen på Vulkan og Grünerløkka er populære steder for matentusiaster som ønsker å utforske lokale og internasjonale delikatesser.

Livlig Natteliv:
Når solen går ned, våkner Oslos livlige natteliv til liv. Byen har et bredt utvalg av barer, nattklubber og konsertscener som tilbyr underholdning for enhver smak. Spesielt i områder som Grünerløkka og Aker Brygge finner man et yrende uteliv.

Bærekraftig Byutvikling:
Oslo er kjent for sin satsing på bærekraftig byutvikling. Byen har implementert en rekke tiltak for å redusere klimaavtrykket, som inkluderer fremme av kollektivtransport, sykkelveier og grønne områder.

I oppsummering er Oslo en mangfoldig by som kombinerer historie, kultur og natur på en unik måte. Med sin blendende arkitektur, rike kulturtilbud, fantastiske naturomgivelser og levende natteliv er Oslo en by som tiltrekker seg besøkende fra hele verden og er en stolt representant for Norge som landets pulserende hovedstad.

experiences. Mathallen at Vulkan and Grünerløkka are popular places for food enthusiasts to explore local and international delicacies.

Vibrant Nightlife:
When the sun sets, Oslo's vibrant nightlife comes to life. The city has a wide selection of bars, nightclubs, and concert venues that offer entertainment for every taste. Especially in areas like Grünerløkka and Aker Brygge, you'll find a bustling nightlife scene.

Sustainable Urban Development:
Oslo is known for its commitment to sustainable urban development. The city has implemented several initiatives to reduce its carbon footprint, including promoting public transportation, bike lanes, and green spaces.

In summary, Oslo is a diverse city that uniquely combines history, culture, and nature. With its stunning architecture, rich cultural offerings, beautiful natural surroundings, and vibrant nightlife, Oslo attracts visitors from all over the world and proudly represents Norway as its vibrant capital.

Kjernen - Core
Blomstrende - Thriving, blossoming
Satsing - Commitment, effort
Nordmarka - Northern woods (a forested area north of Oslo)
Aker Brygge - A popular waterfront area in Oslo
Gjennomført - Implemented
Miljøavtrykket - Carbon footprint
Yrende - Bustling
Bjørvika - A district in Oslo known for its modern architecture and cultural venues

BERGEN: NORGES FARGERIKE HANSABY

Bergen, med sin rike historie og fargerike sjarm, er en av Norges mest sjarmerende byer. La oss utforske denne vakre kystbyen som har tjent som en viktig handels- og kultursenter gjennom århundrene.

Historie og Kulturarv:
Bergen har en fascinerende historie som går tilbake til middelalderen. Byen ble grunnlagt på 1000-tallet og var en viktig handelsby i Hanseatiske liga, en nordtysk handelsforbund. Bryggen, som er Bergens ikoniske trehusrekke, stammer fra denne perioden og er oppført på UNESCOs verdensarvliste. Byen har en unik kulturarv med røtter i vikingtiden og middelalderen.

Bergensk Arkitektur:
Byen har en variert arkitektur som reflekterer dens lange historie og kulturelle påvirkninger. Bryggen, med sine fargerike trehus, er et viktig historisk landemerke. Samtidig har Bergen også moderne arkitektur, som den prisbelønte operahuset og akvariet.

Bergensk Matkultur:
Bergens matkultur er berømt for sine ferske sjømatretter. Byen er kjent for sine fiskemarkeder, hvor lokale råvarer selges direkte fra båtene. Bergen er spesielt kjent for sin tradisjonelle fiskesuppe, "Bergensk fiskesuppe", som er en smakfull del av den lokale matkulturen.

Naturperler og Utendørsaktiviteter:
Bergen ligger vakkert til ved kysten, omgitt av syv fjell og vakre fjorder. Byen tilbyr utallige muligheter for friluftsliv og utendørsaktiviteter. Å gå på tur i Fløyen eller Ulriken gir fantastiske utsikter over byen og

BERGEN: NORWAY'S COLORFUL HANSEATIC CITY

Bergen, with its rich history and colorful charm, is one of Norway's most charming cities. Let's explore this beautiful coastal town that has served as an important trade and cultural center for centuries.

History and Cultural Heritage:
Bergen has a fascinating history dating back to the Middle Ages. The city was founded in the 11th century and was an important trading city in the Hanseatic League, a North German trading federation. Bryggen, Bergen's iconic row of wooden houses, dates back to this period and is listed as a UNESCO World Heritage Site. The city has a unique cultural heritage with roots in the Viking Age and Middle Ages.

Bergen Architecture:
The city has a diverse architecture that reflects its long history and cultural influences. Bryggen, with its colorful wooden houses, is an important historical landmark. At the same time, Bergen also has modern architecture, such as the award-winning opera house and the aquarium.

Bergen Food Culture:
Bergen's food culture is famous for its fresh seafood dishes. The city is known for its fish markets, where local produce is sold directly from the boats. Bergen is particularly famous for its traditional fish soup, "Bergensk fiskesuppe," which is a flavorful part of the local food culture.

Natural Gems and Outdoor Activities:
Bergen is beautifully situated on the coast, surrounded by seven mountains and stunning fjords. The city offers countless opportunities for outdoor activities. Hiking in Fløyen or Ulriken provides fantastic views of the city and

de omkringliggende områdene. Utforske de nærliggende fjordene, som Nærøyfjorden (UNESCO verdensarv) og Hardangerfjorden, er også en populær aktivitet for besøkende.

Kulturelle Begivenheter:
Bergen er kjent for sitt pulserende kulturliv og har mange musikk- og kunstfestivaler gjennom året. Den årlige Bergen internasjonale musikkfestival, eller "Festspillene i Bergen", tiltrekker seg kunstnere og publikum fra hele verden. Byen har også en rekke museer og kunstgallerier som reflekterer dens kulturelle rikdom.

Studentbyen Bergen:
Med sitt sterke fokus på utdanning og kunnskap er Bergen også kjent som en studentby. Byen har flere høyskoler og universiteter, og studentmiljøet bidrar til byens energiske atmosfære.

Regnbyen:
Bergen er kjent som "regnbuenes by" på grunn av de hyppige regnbygene som ofte besøker byen. Denne værtypen er også med på å skape den grønne og frodige naturen som omgir Bergen.

I oppsummering er Bergen en unik og sjarmerende by som kombinerer historisk arv med moderne kultur. Byen er kjent for sin vakre arkitektur, ferske sjømat, vakre natur og livlige kulturliv. Med sin pulserende atmosfære og mangfoldige aktiviteter er Bergen et attraktivt reisemål for både lokalbefolkning og internasjonale besøkende.

UNESCOs verdensarvliste - UNESCO World Heritage List
Festspillene - International Festival (referring to Bergen International Festival)
ryggen - The iconic row of wooden houses in Bergen
Friluftsliv - Outdoor activities

the surrounding areas. Exploring the nearby fjords, such as Nærøyfjorden (a UNESCO World Heritage Site) and Hardangerfjorden, is also a popular activity for visitors.

Cultural Events:
Bergen is known for its vibrant cultural scene and hosts many music and art festivals throughout the year. The annual Bergen International Festival, or "Festspillene i Bergen," attracts artists and audiences from around the world. The city also has several museums and art galleries that reflect its cultural richness.

Student City Bergen:
With its strong focus on education and knowledge, Bergen is also known as a student city. The city has several colleges and universities, and the student community contributes to its energetic atmosphere.

Rainy City:
Bergen is known as the "city of rainbows" due to the frequent rain showers that often visit the city. This weather also contributes to the lush green nature that surrounds Bergen.

In summary, Bergen is a unique and charming city that combines historical heritage with modern culture. The city is known for its beautiful architecture, fresh seafood, stunning nature, and lively cultural scene. With its vibrant atmosphere and diverse activities, Bergen is an attractive destination for both locals and international visitors.

Nærøyfjorden - Nærøyfjord (a specific fjord in the Bergen region)
Fløyen - A mountain in Bergen, often visited for hiking
Regnbygene - Rain showers
Brygge - Wharf
Frodige - Lush

TRONDHEIM: NORGES HISTORISKE HOVEDSTAD

Trondheim, med sin rike historie og unike atmosfære, er en av Norges mest fascinerende byer. La oss utforske denne historiske hovedstaden som har vært et sentrum for kultur, utdanning og religion i århundrer.

Historie og Kulturarv:
Trondheim har en stolt historie som strekker seg tilbake til vikingtiden. Byen ble grunnlagt på 900-tallet og har vært et viktig politisk og religiøst senter i Norge. Nidarosdomen, en majestetisk gotisk katedral, står som et imponerende symbol på byens historiske betydning. Trondheim har bevart sin middelalderske sjarm og har en rekke godt bevarte bygninger og gater fra denne perioden.

Akademisk Senter:
Trondheim er også kjent som et betydningsfullt akademisk senter. Byen huser Norges teknisk-naturvitenskapelige universitet (NTNU), som er et av landets mest anerkjente universiteter. NTNU tiltrekker seg studenter og forskere fra hele verden og bidrar til å skape et pulserende og kunnskapsrikt miljø i byen.

Kulturell Rikdom:
Trondheim har et blomstrende kulturliv med teatre, konserthus og kunstgallerier som tilbyr et variert program gjennom året. Byen har også en rekke festivaler, som Olavsfestdagene og Kosmorama filmfestival, som tiltrekker seg besøkende fra hele landet.

Utendørsopplevelser:
Trondheim er omgitt av vakker natur og byr på mange utendørsaktiviteter.

TRONDHEIM: NORWAY'S HISTORICAL CAPITAL

Trondheim, with its rich history and unique atmosphere, is one of Norway's most fascinating cities. Let's explore this historical capital that has been a center for culture, education, and religion for centuries.

History and Cultural Heritage:
Trondheim has a proud history dating back to the Viking Age. The city was founded in the 10th century and has been an important political and religious center in Norway. Nidaros Cathedral, a majestic Gothic cathedral, stands as an impressive symbol of the city's historical significance. Trondheim has preserved its medieval charm and has several well-preserved buildings and streets from this period.

Academic Center:
Trondheim is also known as a significant academic center. The city is home to the Norwegian University of Science and Technology (NTNU), one of the country's most renowned universities. NTNU attracts students and researchers from all over the world and contributes to creating a vibrant and knowledgeable environment in the city.

Cultural Richness:
Trondheim has a thriving cultural scene with theaters, concert halls, and art galleries offering a diverse program throughout the year. The city also hosts various festivals, such as Olavsfestdagene and the Kosmorama film festival, attracting visitors from across the country.

Outdoor Experiences:
Trondheim is surrounded by beautiful nature and offers plenty of outdoor activities.

Byen ligger ved Trondheimsfjorden, som gir muligheter for båtliv og fiske. Om sommeren kan man sykle langs Nidelva eller besøke Bymarka for turer og friluftsliv. Om vinteren er det populært å stå på ski i nærliggende skianlegg.

Matrikkelbyen:
Trondheim har et variert mattilbud og er kjent for sine gode restauranter og kafeer. Byen har også en lang tradisjon for ølbrygging, og flere lokale mikrobryggerier tilbyr spennende ølsorter.

Religiøs Betekning:
Nidarosdomen, byens mest kjente landemerke, har en sentral rolle i norsk religiøs historie. Dette praktfulle kirkebygget er gravstedet til den norske helgenkongen, Olav den hellige. Hvert år besøker tusenvis av pilegrimer og turister Nidarosdomen for å oppleve den religiøse og historiske atmosfæren.

I oppsummering er Trondheim en by som stolt bærer på sin rike historie og kulturarv. Med sin blanding av historisk sjarm, akademisk vitalitet, kulturell rikdom og vakker natur, tiltrekker Trondheim seg besøkende som ønsker å oppleve Norges historiske hovedstad og alt den har å tilby.

The city is located by the Trondheim Fjord, providing opportunities for boating and fishing. During the summer, cycling along the Nidelva River or visiting Bymarka for hiking and outdoor activities are popular choices. In the winter, nearby ski resorts offer great skiing opportunities.

Foodie City:
Trondheim has a diverse food scene and is known for its excellent restaurants and cafes. The city also has a long tradition of beer brewing, and several local microbreweries offer exciting beer varieties.

Religious Significance:
Nidaros Cathedral, the city's most famous landmark, plays a central role in Norwegian religious history. This magnificent church is the burial site of the Norwegian saint king, Olav the Holy. Every year, thousands of pilgrims and tourists visit Nidaros Cathedral to experience the religious and historical atmosphere.

In summary, Trondheim is a city that proudly carries its rich history and cultural heritage. With its blend of historical charm, academic vitality, cultural richness, and beautiful nature, Trondheim attracts visitors who want to experience Norway's historical capital and everything it has to offer.

Olavsfestdagene - Olav's Festival Days (a cultural festival)
Kosmorama - Kosmorama (name of a film festival)
Bymarka - City Forest (a popular recreational area in Trondheim)
Praktfulle - Magnificent
Helgenkongen - Saint king
Matrikkelbyen - The City of Gastronomy (a designation by UNESCO)
Nidarosdomen - Nidaros Cathedral (the name of the cathedral in Trondheim)

EDVARD MUNCH OG "SKRIK": ET INTENST UTTRYKK FOR ANGST OG EKSISTENSIELL URO

Edvard Munch, den anerkjente norske kunstneren, etterlot seg et uutslettelig avtrykk i kunstverdenen med sitt ikoniske maleri, "Skrik". Dette hjemsøkende mesterverket, skapt i 1893, har blitt et symbol på eksistensiell uro og dype menneskelige følelser.

Edvard Munchs Liv og Kunstneriske Reise:
Født i 1863 i Loten, Norge, opplevde Munch tragedie i ung alder da han mistet sin mor og søster til tuberkulose. Disse tidlige tapene påvirket dypt hans kunstverk og de temaene han utforsket gjennom hele karrieren. Munchs unike og innovative stil ga ham anerkjennelse som en pioner innen ekspresjonismen, en bevegelse som søkte å formidle følelser og psykologiske tilstander gjennom dristige farger og forvrengte former.

"Skriks" Opphav:
"Skrik" er en del av Munchs serie med tittelen "Livsfrisen", som dykker ned i temaer som kjærlighet, angst og død. Inspirasjonen til maleriet kom fra en personlig opplevelse mens Munch gikk på en bro i Oslo. Munch beskrev at han følte en overveldende angst og hørte et hjerteskjærende skrik fra selve naturen. Denne mektige møtet med naturens intensitet ble den drivende kraften bak skapelsen av dette betydningsfulle verket.

Symbolikk og Komposisjon:
"Skrik" skildrer en ensom figur, hvis ansikt vrenger seg av redsel, stående på en bro med en byutsikt i bakgrunnen. Den hvirvlende himmelen med livlige farger forsterker følelsen av uro og kaos.

EDVARD MUNCH AND "THE SCREAM": AN INTENSE EXPRESSION OF ANXIETY AND EXISTENTIAL ANGST

Edvard Munch, the renowned Norwegian artist, left an indelible mark in the art world with his iconic painting, "The Scream." This haunting masterpiece, created in 1893, has become a symbol of existential anxiety and profound human emotions.

Edvard Munch's Life and Artistic Journey:
Born in 1863 in Loten, Norway, Munch experienced tragedy at a young age when he lost his mother and sister to tuberculosis. These early losses deeply influenced his artwork and the themes he explored throughout his career. Munch's unique and innovative style earned him recognition as a pioneer of expressionism, a movement that sought to convey emotions and psychological states through bold colors and distorted forms.

The Genesis of "The Scream":
"The Scream" is part of Munch's series titled "The Frieze of Life," which delves into themes of love, anxiety, and death. The inspiration for the painting came from a personal experience while Munch was walking on a bridge in Oslo. Munch described feeling an overwhelming anxiety and hearing a heartrending scream from nature itself. This powerful encounter with nature's intensity became the driving force behind the creation of this significant work.

Symbolism and Composition:
"The Scream" depicts a solitary figure, whose face contorts with horror, standing on a bridge with a cityscape in the background. The swirling sky with vivid colors heightens the sense of turmoil and chaos.

De forlengede og forvridde figurene i maleriet formidler ytterligere en følelse av emosjonell ubehag. Maleriets symbolikk og komposisjon kombineres for å vekke en universell følelse av menneskelig sårbarhet og den eksistensielle angst opplevd av enkeltmennesker gjennom tidene.

"Skrik" har resonert dypt med publikum over hele verden og har gått utover sin opprinnelige kontekst for å bli et symbol på moderne angst og fremmedgjøring. Maleriets evne til å fange en kollektiv opplevelse av angst har solidifisert dets plass i kunsthistorien. Munchs utforskning av det menneskelige sinn og eksistensielle temaer har inspirert generasjoner av kunstnere og tenkere.

Gjennom årene har "Skrik" gjennomgått sin del av ulykker. I 1994 ble maleriet stjålet fra Nasjonalgalleriet i Oslo, men heldigvis ble det gjenfunnet tre måneder senere. Til tross for tyveriet forble maleriet uskadd og fortsetter å være en viktig del av Norges kulturarv.

Munchs Ettermæle:
Utover "Skrik" er Edvard Munchs produksjon omfattende og mangfoldig, med en rekke temaer og teknikker. Hans verk har blitt utstilt i utallige gallerier og museer verden over, og han blir feiret som en av de mest innflytelsesrike kunstnerne på 1900-tallet.
Som konklusjon, står Edvard Munchs "Skrik" som en ikonisk representasjon av menneskelig angst og eksistensiell fortvilelse. Gjennom sin kunst avdekket Munch menneskelige følelsers dybde og etterlot seg en vedvarende arv, som forsterket hans plass som en visjonær kunstner hvis verk fortsetter å begeistre og røre publikum den dag i dag.
Hjemsøkende - Haunting   Fortvilelse - Despair
Dyptgående - Profound   Vedvarende - Lasting

The elongated and distorted figures in the painting further convey a sense of emotional discomfort. The painting's symbolism and composition combine to evoke a universal sense of human vulnerability and the existential anguish experienced by individuals throughout time.

"The Scream" has deeply resonated with audiences worldwide and has gone beyond its initial context to become a symbol of modern anxiety and alienation. The painting's ability to capture a collective experience of anxiety has solidified its place in art history. Munch's exploration of the human psyche and existential themes has inspired generations of artists and thinkers.

Over the years, "The Scream" has endured its share of misfortune. In 1994, the painting was stolen from the National Gallery in Oslo, but fortunately, it was recovered three months later. Despite the theft, the painting remained unharmed and continues to be an essential part of Norway's cultural heritage.

Munch's Legacy:
Beyond "The Scream," Edvard Munch's body of work is extensive and diverse, encompassing a wide range of themes and techniques. His works have been exhibited in numerous galleries and museums worldwide, and he is celebrated as one of the most influential artists of the 20th century.
In conclusion, Edvard Munch's "The Scream" stands as an iconic representation of human anxiety and existential despair. Through his art, Munch revealed the depth of human emotions and left a lasting legacy, solidifying his position as a visionary artist whose works continue to captivate and move audiences to this day.
Ikke desto mindre - Nevertheless
Utslettelig - Indelible   Hjerteskjærende - Heartrending
Sårbarhet - Vulnerability

ROALD AMUNDSEN: NORGES POLARHELT OG UTFORSKER

Roald Amundsen, en av Norges største polarhelter og oppdagelsesreisende, er kjent for sine bemerkelsesverdige ekspedisjoner som utforsket de frosne regionene på jorden. Hans lidenskap for utforskning og utholdenhet gjorde ham til en legende innen polarekspedisjoner.

Tidlig Liv og Karriere:
Roald Engelbregt Gravning Amundsen ble født 16. juli 1872 i Borge, Østfold. Han vokste opp i en familie med sterke maritime tradisjoner, og hans kjærlighet til sjøen ble vekket tidlig. Han seilte som ung mann i Arktis og lærte mye om utfordringene og mulighetene som ventet i de polare områdene.

Sydpolekspedisjonen:
Amundsens mest berømte bragd var erobringen av Sydpolen. Han ledet den vellykkede ekspedisjonen som først nådde Sydpolen den 14. desember 1911. Med fem teammedlemmer, hundesleder og utrolig utholdenhet, kjempet Amundsen seg gjennom de nådeløse forholdene og vant kappløpet om å nå polpunktet foran den britiske ekspedisjonen ledet av Robert Falcon Scott.

Nordvestpassasjen og Fram-ekspedisjonen:
Før sin suksess på Sydpolen, utførte Amundsen en annen bemerkelsesverdig ekspedisjon – nordvestpassasjen. I perioden 1903 til 1906 navigerte han gjennom farvannene i Canada og forbinder Atlanterhavet og Stillehavet, noe som var en historisk prestasjon. Amundsen var også kapteinen på "Fram"-ekspedisjonen (1910–1912), som nådde Sørpolen.

ROALD AMUNDSEN: NORWAY'S POLAR HERO AND EXPLORER

Roald Amundsen, one of Norway's greatest polar heroes and explorers, is known for his remarkable expeditions that ventured into the frozen regions of the earth. His passion for exploration and endurance made him a legend in polar expeditions.

Early Life and Career:
Roald Engelbregt Gravning Amundsen was born on July 16, 1872, in Borge, Østfold. He grew up in a family with strong maritime traditions, and his love for the sea was awakened early on. As a young man, he sailed in the Arctic and learned much about the challenges and opportunities that awaited in the polar regions.

South Pole Expedition:
Amundsen's most famous achievement was the conquest of the South Pole. He led the successful expedition that first reached the South Pole on December 14, 1911. With five team members, sled dogs, and incredible endurance, Amundsen fought through the ruthless conditions and won the race to reach the pole ahead of the British expedition led by Robert Falcon Scott.

Northwest Passage and the Fram Expedition:
Before his success in the South Pole, Amundsen carried out another remarkable expedition - the Northwest Passage. From 1903 to 1906, he navigated through the waters of Canada, connecting the Atlantic and Pacific Oceans, which was a historic achievement. Amundsen also captained the "Fram" expedition (1910-1912), which reached the South Pole.

Luftferder og Nordpolsflyvning:
Amundsen var en pioner innen luftferder og utførte den
første transatlantiske flyvningen fra Europa til Amerika i
1919. Senere deltok han i luftferder for å nå Nordpolen.

Senere År og Forsvinning:
Etter sine store polarseire rettet Amundsen fokus mot
flyvning og planla en ekspedisjon for å redde Umberto
Nobile og hans besetning etter at de styrtet på Nordpolen i
1928. Dessverre forsvant Amundsen under en
redningsaksjon nær Bjørnøya i Barentshavet i 1928. Hans
bortgang ble møtt med dyp sorg i Norge og internasjonalt.

Arv og Inspirerende Påvirkning:
Amundsens mod og besluttsomhet har inspirert
generasjoner av oppdagelsesreisende og eventyrere. Han
viste verden at med utholdenhet, tapperhet og vitenskapelig
planlegging kunne tilsynelatende uoppnåelige mål nås.
Roald Amundsen blir husket som en av de mest
betydningsfulle polfarerne i historien og en sann
nasjonalhelt i Norge.

I dag hedres Roald Amundsen for sine utallige bidrag til
polare utforskninger og for å ha vist veien til ukjente
territorier. Hans mot, besluttsomhet og dedikasjon lever
videre gjennom de som blir inspirert av hans liv og bragder.

Utforsker - Explorer
Oppdagelsesreisende - Adventurer
Lidenskap - Passion
Tapperhet - Bravery
Bortgang - Passing (referring to death)

Aerial Expeditions and North Pole Flight:
Amundsen was a pioneer in aerial expeditions and conducted the first transatlantic flight from Europe to America in 1919. Later, he participated in aerial expeditions to reach the North Pole.

Later Years and Disappearance:
After his great polar victories, Amundsen turned his focus to aviation and planned an expedition to rescue Umberto Nobile and his crew after they crashed at the North Pole in 1928. Unfortunately, Amundsen disappeared during a rescue operation near Bear Island in the Barents Sea in 1928. His passing was met with deep sorrow in Norway and internationally.

Legacy and Inspirational Impact:
Amundsen's courage and determination have inspired generations of explorers and adventurers. He showed the world that with endurance, bravery, and scientific planning, seemingly unattainable goals could be achieved. Roald Amundsen is remembered as one of the most significant polar explorers in history and a true national hero in Norway.

Today, Roald Amundsen is honored for his countless contributions to polar explorations and for showing the way to uncharted territories. His courage, determination, and dedication live on through those who are inspired by his life and achievements.

Uoppnåelige - Unattainable
Kappløpet - Race (referring to competition)
Farefulle - Ruthless
Tilsynelatende - Seemingly
Hedres - Honored
Utholdenhet - Endurance

FRIDTJOF NANSEN: POLARHELT, HUMANITARIAN OG UTFORSKER

Fridtjof Nansen, en ekstraordinær mann av mange talenter, blir husket som en polarhelt, en humanitær, og en fremragende utforsker. Hans utrettelige lidenskap for å utforske den arktiske regionen og hans dypt forankrede humanitære arbeid har etterlatt en varig arv i Norges historie.

Tidlig Liv og Polarinteresse:
Fridtjof Wedel-Jarlsberg Nansen ble født 10. oktober 1861 i Oslo. Han var et skarpt sinn og utviklet tidlig en interesse for polarutforskning. Nansen studerte zoologi og oseanografi og begynte å forstå viktigheten av å utforske og forstå det arktiske miljøet.

På Skøyter over Grønland:
I 1888 ledet Nansen den historiske ekspedisjonen på skøyter over Grønland. Med en liten gruppe menn, gikk han på ski og skøyter over iskappen, og etter 49 dager nådde de frem til vestkysten. Ekspedisjonen var en stor bragd i polarhistorien og ga Nansen internasjonal anerkjennelse.

Fram-ekspedisjonen:
Nansens mest berømte ekspedisjon var uten tvil Fram-ekspedisjonen (1893-1896). Med skipet Fram planla han å drive innfrysning til Nordpolen og deretter drifte med isen. Selv om han ikke nådde Nordpolen, nådde han en breddegrad som var lengre nord enn noen andre hadde vært før. Ekspedisjonen bidro til en betydelig økning i kunnskapen om Arktis og dens klima.

FRIDTJOF NANSEN: POLAR HERO, HUMANITARIAN, AND EXPLORER

Fridtjof Nansen, an extraordinary man of many talents, is remembered as a polar hero, a humanitarian, and an outstanding explorer. His tireless passion for exploring the Arctic region and his deeply rooted humanitarian work have left a lasting legacy in Norway's history.

Early Life and Polar Interest:
Fridtjof Wedel-Jarlsberg Nansen was born on October 10, 1861, in Oslo. He was a sharp mind and developed an early interest in polar exploration. Nansen studied zoology and oceanography and began to understand the importance of exploring and understanding the Arctic environment.

Crossing Greenland on Skis:
In 1888, Nansen led the historic expedition crossing Greenland on skis. With a small group of men, he skied and skated across the ice cap, and after 49 days, they reached the west coast. The expedition was a great feat in polar history and earned Nansen international recognition.

The Fram Expedition:
Nansen's most famous expedition was undoubtedly the Fram Expedition (1893-1896). With the ship Fram, he planned to intentionally freeze into the Arctic ice and then drift with it. Although he did not reach the North Pole, he reached a latitude farther north than anyone had been before. The expedition significantly increased knowledge about the Arctic and its climate.

Humanitært Arbeid og Nansens Pas:
Etter sin polareventyr rettet Nansen sitt fokus mot
humanitært arbeid. Under første verdenskrig fungerte han
som en humanitær diplomat og hjalp til med utveksling av
krigsfanger. Han er mest kjent for opprettelsen av "Nansens
pas" - et identitetskort som tillot over 450 000 russiske
flyktninger å reise trygt tilbake til Russland etter krigen.

Nansen som Forskningsreisende:
Fridtjof Nansen var også en anerkjent forskningsreisende.
Han utforsket Atlanterhavet, Middelhavet, og Nordishavet
og bidro til betydelige oppdagelser innen hydrografi og
oseanografi.

Nobels Fredspris og Senere Liv:
For sitt humanitære arbeid ble Nansen tildelt Nobels
fredspris i 1922. Etter den russiske revolusjonen i 1917, ble
han mer politisk engasjert og prøvde å fremme forståelse
mellom øst og vest.

Fridtjof Nansens Betydning i Norges Historie:
Fridtjof Nansen blir sett på som en nasjonalhelt og en stolt
representant for norske verdier. Hans dedikasjon til
utforskning, humanitært arbeid og vitenskapelig forskning
har gjort ham til et ikon innen norsk historie.

Selv etter sin død i 1930, lever Nansens arv videre gjennom
det humanitære arbeidet som fortsatt utføres av "Nansens
pas"-kontoret og andre organisasjoner. Fridtjof Nansens
mot og evne til å ta initiativ vil alltid inspirere kommende
generasjoner til å følge sine lidenskaper og bidra til verden
på en meningsfull måte.

Humanitarian Work and Nansen Passport:
After his polar adventures, Nansen turned his focus to humanitarian work. During World War I, he served as a humanitarian diplomat and facilitated the exchange of prisoners of war. He is best known for creating the "Nansen passport" - an identity card that allowed over 450,000 Russian refugees to safely return to Russia after the war.

Nansen as a Researcher:
Fridtjof Nansen was also a renowned researcher. He explored the Atlantic Ocean, the Mediterranean Sea, and the Arctic Ocean, making significant contributions to hydrography and oceanography.

Nobel Peace Prize and Later Life:
For his humanitarian work, Nansen was awarded the Nobel Peace Prize in 1922. After the Russian Revolution in 1917, he became more politically engaged and sought to promote understanding between East and West.

Fridtjof Nansen's Significance in Norway's History:
Fridtjof Nansen is regarded as a national hero and a proud representative of Norwegian values. His dedication to exploration, humanitarian work, and scientific research has made him an icon in Norwegian history.

Even after his death in 1930, Nansen's legacy lives on through the humanitarian work still carried out by the "Nansen passport" office and other organizations. Fridtjof Nansen's courage and initiative will forever inspire future generations to pursue their passions and contribute to the world in a meaningful way.

Skøyter - Skates   Skarpt sinn - Sharp mind
Breddegrad - Latitude
Engasjert - Engaged
Utveksling - Exchange

SONJA HENIE - SKØYTEDRONNINGEN SOM EROBRET VERDEN

Sonja Henie, den norske skøytedronningen, er en legendarisk idrettsutøver og en ikonisk figur innen kunstløp. Med hennes eksepsjonelle talent og sjarm, erobret hun verden med sitt unike bidrag til skøytesporten og underholdningsverdenen.

Tidlig Liv og Skøytekarriere:
Sonja Henie ble født 8. april 1912 i Oslo. Hun begynte å lære å skøyte som ung jente og viste tidlig et enestående talent for kunstløp. Allerede som tiåring konkurrerte hun på nasjonalt nivå og vant Norges mesterskap i kunstløp flere ganger.

Verdensmestermateriale:
I en alder av 14 år, i 1927, vant Sonja Henie sitt første verdensmesterskap i kunstløp og gikk dermed inn i historiebøkene som den yngste verdensmesteren noensinne. Henie fortsatte å dominere sporten og vant totalt ti verdensmesterskap på rad, fra 1927 til 1936.

Olympiske Suksesser:
Sonja Henies suksess nådde nye høyder da hun deltok i de olympiske vinterlekene. Hun vant tre påfølgende gullmedaljer i kunstløp under OL i St. Moritz i 1928, Lake Placid i 1932 og Garmisch-Partenkirchen i 1936. Henie var en av de første kvinnelige idrettsutøverne som kombinerte sportslig suksess med kommersiell appell og underholdningsverdi.

SONJA HENIE - THE ICE QUEEN WHO CONQUERED THE WORLD

Sonja Henie, the Norwegian ice queen, is a legendary athlete and an iconic figure in figure skating. With her exceptional talent and charm, she conquered the world with her unique contributions to the sport of skating and the entertainment industry.

Early Life and Skating Career:
Sonja Henie was born on April 8, 1912, in Oslo. She began learning to skate as a young girl and showed early outstanding talent for figure skating. By the age of ten, she was already competing at the national level and won Norway's national championships multiple times.

World Champion Material:
At the age of 14, in 1927, Sonja Henie won her first world championship in figure skating, making her the youngest world champion ever recorded in history. Henie continued to dominate the sport, winning a total of ten consecutive world championships from 1927 to 1936.

Olympic Successes:
Sonja Henie's success reached new heights when she competed in the Winter Olympics. She won three consecutive gold medals in figure skating at the Winter Olympics in St. Moritz in 1928, Lake Placid in 1932, and Garmisch-Partenkirchen in 1936. Henie was one of the first female athletes to combine athletic success with commercial appeal and entertainment value.

Overgang til Underholdningsverdenen:
Etter hennes bemerkelsesverdige idrettskarriere valgte
Sonja Henie å satse på en karriere i Hollywood. Hun ble en
av de best betalte skuespillerne på den tiden og var kjent
for sine roller i musikaler og komedier. Hun brukte også sitt
talent for kunstløp i filmene sine, noe som gjorde henne til
en unik underholdningsfigur.

Internasjonal Stjerne:
Sonja Henie ble en internasjonal stjerne, og hun turnerte
verden rundt med sin egen isshow, "Hollywood Ice Revue."
Showet var en stor suksess og ble sett av millioner av
begeistrede tilskuere over hele verden.

Nasjonens Stolthet:
Henie var ikke bare Norges stolthet, men også et globalt
ikon. Hennes talent og karisma inspirerte generasjoner av
unge kunstløpere over hele verden. Hun banet vei for
kvinnelige idrettsutøvere og viste at sport og underholdning
kan kombineres på en unik og suksessrik måte.

Arv og Minne:
Sonja Henie døde 12. oktober 1969, men hennes arv lever
videre. Hun har blitt hedret på mange måter, blant annet
med en statue i Frognerparken i Oslo. Hennes bidrag til
skøytesporten og underholdningsverdenen er uutslettelig
og vil for alltid bli husket som en ekte pioner og kunstløpets
dronning.

Transition to the Entertainment World:
After her remarkable sports career, Sonja Henie chose to pursue a career in Hollywood. She became one of the highest-paid actresses of her time and was known for her roles in musicals and comedies. She also showcased her figure skating talent in her films, making her a unique entertainment figure.

International Star:
Sonja Henie became an international star, touring the world with her own ice show, "Hollywood Ice Revue." The show was a great success and was seen by millions of enthusiastic audiences worldwide.

The Nation's Pride:
Henie was not only Norway's pride but also a global icon. Her talent and charisma inspired generations of young figure skaters all over the world. She paved the way for female athletes and demonstrated that sports and entertainment can be combined in a unique and successful manner.

Legacy and Memory:
Sonja Henie passed away on October 12, 1969, but her legacy lives on. She has been honored in many ways, including with a statue in Frogner Park in Oslo. Her contributions to figure skating and the entertainment world are indelible and will forever be remembered as a true pioneer and the queen of figure skating.

Skøytedronning - Ice queen (referring to Sonja Henie's dominance in figure skating)
Kunstløp - Figure skating
Underholdningsverdenen - The entertainment world
Begeistrede - Enthusiastic
Uutslettelig - Indelible

HENRIK IBSEN - NORGES MEST BERØMTE DRAMATIKER

Henrik Ibsen, Norges mest berømte dramatiker, er en av de mest innflytelsesrike figurene innenfor moderne teater. Hans banebrytende verk og dype innsikt i den menneskelige psyke har gjort ham til en tidløs litterær legende.

Tidlig Liv og Karriere:
Henrik Johan Ibsen ble født 20. mars 1828 i Skien, Telemark. Etter å ha fullført skolen, begynte han som apotekerlærling, men hans lidenskap for teater førte ham til en annen retning. I 1850 flyttet Ibsen til Christiania (nåværende Oslo) for å forfølge en karriere innenfor teaterverdenen.

Gjennombrudd og Realisme:
Ibsen fikk sitt første gjennombrudd som dramatiker med stykket "Catilina" i 1850, men det var først med dramaet "Et dukkehjem" (1879) at han virkelig etablerte seg som en ledende figur innenfor teaterverdenen. Dette stykket, sammen med andre realistiske verk som "En folkefiende" og "Vildanden," utforsket sosiale og psykologiske temaer og ga nytt liv til teaterets realisme.

Samfunnskritikk og Kontrovers:
Ibsens teaterstykker var kjent for å utfordre samfunnets konvensjoner og normer. Gjennom sine verk kritiserte han hykleri, autoritet og sosiale urettferdigheter. Dette førte til kontroverser og delte meninger, men det gjorde også at Ibsen ble anerkjent som en dypt reflekterende og modig dramatiker.

Skuespill for Verden:
Ibsens skuespill ble raskt oversatt til mange språk og ble fremført over hele verden. Hans verk ble vel mottatt i Europa og ga ham internasjonal berømmelse som en fornyer av teaterkunsten.

HENRIK IBSEN - NORWAY'S MOST FAMOUS PLAYWRIGHT

Henrik Ibsen, Norway's most famous playwright, is one of the most influential figures in modern theater. His groundbreaking works and profound insight into the human psyche have made him a timeless literary legend.

Early Life and Career:
Henrik Johan Ibsen was born on March 20, 1828, in Skien, Telemark. After completing school, he started as a pharmacy apprentice, but his passion for theater led him in a different direction. In 1850, Ibsen moved to Christiania (now Oslo) to pursue a career in the world of theater.

Breakthrough and Realism:
Ibsen had his first breakthrough as a playwright with the play "Catilina" in 1850, but it was with the drama "A Doll's House" (1879) that he truly established himself as a leading figure in the theater world. This play, along with other realistic works such as "An Enemy of the People" and "The Wild Duck," explored social and psychological themes and breathed new life into theater realism.

Social Criticism and Controversy:
Ibsen's plays were known for challenging societal conventions and norms. Through his works, he criticized hypocrisy, authority, and social injustices. This led to controversies and divided opinions, but it also earned Ibsen recognition as a deeply reflective and courageous playwright.

Plays for the World:
Ibsen's plays were quickly translated into many languages and performed worldwide. His works were well-received in Europe and earned him international fame as a reformer of the art of theater.

Litterær Storhet og Nobelprisen:
Ibsens kreative perioder fortsatte, og han skapte flere
legendariske verk som "Hedda Gabler" og "Byggmester
Solness." Hans innovative narrative teknikker og
psykologiske dybde etablerte ham som en av de fremste
dramatikerne i sin tid. I 1900 ble Ibsen tildelt Nobelprisen i
litteratur for sitt betydningsfulle bidrag til den moderne
dramatikken.

Arv og Påvirkning:
Henrik Ibsens innflytelse strekker seg langt utover hans
samtid. Han blir ofte referert til som "teaterets far" og har
inspirert mange generasjoner av dramatikere, forfattere og
teaterfolk. Ibsens verker blir fortsatt oppført og studert over
hele verden og har satt standarden for moderne dramatikk.

Selv om Henrik Ibsen døde 23. mai 1906, lever hans arv
videre i den norske kulturarven og som en del av
verdenslitteraturen. Han vil for alltid bli husket som en
genial forteller og en av de største litterære skikkelser i
historien.

Literary Greatness and the Nobel Prize:
Ibsen's creative periods continued, and he created several legendary works such as "Hedda Gabler" and "The Master Builder." His innovative narrative techniques and psychological depth established him as one of the foremost playwrights of his time. In 1900, Ibsen was awarded the Nobel Prize in Literature for his significant contribution to modern drama.

Legacy and Influence:
Henrik Ibsen's influence extends far beyond his time. He is often referred to as the "father of theater" and has inspired many generations of playwrights, authors, and theater practitioners. Ibsen's works continue to be performed and studied worldwide, setting the standard for modern drama.

Although Henrik Ibsen passed away on May 23, 1906, his legacy lives on in Norwegian cultural heritage and as part of world literature. He will forever be remembered as a brilliant storyteller and one of the greatest literary figures in history.

Folkefiende - An Enemy of the People
Vildanden - The Wild Duck
Skikkelser - Figures (referring to literary figures)
Nåtid - Present time
Et dukkehjem - A Doll's House

"PEER GYNT" AV HENRIK IBSEN - EN REISE GJENNOM EN DRØM

"Peer Gynt" er et episk drama skrevet av den norske dramatikeren Henrik Ibsen. Stykket, som først ble utgitt i 1867, følger reisen til den karismatiske og fantasifulle Peer Gynt gjennom livet. Handlingen tar oss med på en reise gjennom Peer Gynts eventyrlige liv, drømmer, og konfrontasjoner med virkeligheten.

Bakgrunnshistorien:
Stykket "Peer Gynt" er basert på norske folkeeventyr og legender. Henrik Ibsen var inspirert av den norske bonden og eventyrskikkelsen Peer Gynt, og gjennom sitt verk utforsker han menneskets sjel, moral, og søken etter sin egen identitet.

Handlingen:
Stykket begynner med en ung Peer Gynt, en drømmer og en opportunist, som elsker å dikte opp historier om sitt eget storhet og bedrifter. Han er kjent for å rømme fra virkeligheten og lever et liv fylt av eventyr og illusjoner.

Peer Gynts reise tar ham til eksotiske steder som Marokko og Egypt, og han møter en rekke karakterer underveis. Han blir involvert med en rekke kvinner, blant dem Solveig, som blir hans store kjærlighet. Men Peer Gynts søken etter sin egen identitet fører ham også til å konfrontere sin egen mørke side, og hans handlinger har ofte negative konsekvenser for de rundt ham.

Gjennom Peer Gynts reise blir vi vitne til hans indre kamp mellom det gode og det onde, drømmer og virkelighet, egoisme og empati. Han konfronteres med spørsmål om kjærlighet, ansvar og meningen med livet.

"PEER GYNT" BY HENRIK IBSEN - A JOURNEY THROUGH A DREAM

"Peer Gynt" is an epic drama written by the Norwegian playwright Henrik Ibsen. First published in 1867, the play follows the journey of the charismatic and imaginative Peer Gynt through life. The plot takes us on a journey through Peer Gynt's adventurous life, dreams, and confrontations with reality.

Background Story:
The play "Peer Gynt" is based on Norwegian folktales and legends. Henrik Ibsen was inspired by the Norwegian farmer and legendary character Peer Gynt, and through his work, he explores the human soul, morality, and the search for one's own identity.

Plot:
The play begins with a young Peer Gynt, a dreamer and an opportunist, who loves to invent stories about his own greatness and exploits. He is known for escaping from reality and leads a life filled with adventure and illusions.

Peer Gynt's journey takes him to exotic places like Morocco and Egypt, and he encounters a variety of characters along the way. He becomes involved with several women, including Solveig, who becomes his great love. But Peer Gynt's search for his own identity also leads him to confront his own dark side, and his actions often have negative consequences for those around him.

Through Peer Gynt's journey, we witness his inner struggle between good and evil, dreams and reality, selfishness, and empathy. He is confronted with questions about love, responsibility, and the meaning of life.

Tematikk:
"Peer Gynt" tar opp en rekke viktige temaer, inkludert identitet, moral, individualisme, og det å finne sin plass i verden. Stykket utforsker også forholdet mellom drøm og virkelighet, og hvordan fantasier og illusjoner kan påvirke våre handlinger og valg.

Språklig Formidling:
Henrik Ibsens språklige formidling i "Peer Gynt" er dypt symbolsk og metaforisk. Hans bruk av språket gir stykket en dypere lagdeling og inviterer til refleksjon og tolkning.

Konklusjon:
"Peer Gynt" er et tidløst verk som utforsker de dypeste lagene av menneskets sjel. Gjennom Peer Gynts reise og utfordringer, setter Ibsen fokus på de eksistensielle spørsmålene som er relevante for oss alle. Stykket inviterer leseren til å reflektere over sine egne valg og verdier, og det står som et mesterverk i norsk litteratur.

Themes:
"Peer Gynt" addresses several important themes, including identity, morality, individualism, and finding one's place in the world. The play also explores the relationship between dreams and reality and how fantasies and illusions can influence our actions and choices.

Linguistic Expression:
Henrik Ibsen's linguistic expression in "Peer Gynt" is deeply symbolic and metaphorical. His use of language adds a deeper layer to the play, inviting reflection and interpretation.

Conclusion:
"Peer Gynt" is a timeless work that explores the deepest layers of the human soul. Through Peer Gynt's journey and challenges, Ibsen focuses on existential questions that are relevant to us all. The play invites the reader to reflect on their own choices and values and stands as a masterpiece in Norwegian literature.

Lagdeling - Layering
Verdier - Values

GEIRANGERFJORDEN - NORGES JUVEL BLANT FJORDENE

Geirangerfjorden, en perle blant Norges fjorder, er kjent for sin naturskjønnhet og majestetiske landskap. Dette UNESCO-verdensarvstedet tiltrekker seg besøkende fra hele verden som kommer for å oppleve den spektakulære naturen og de majestetiske fossefallene som omgir fjorden.

Beliggenhet og Geografi:
Geirangerfjorden ligger på vestkysten av Norge, i Møre og Romsdal fylke. Fjorden strekker seg over en lengde på 15 kilometer og er omgitt av bratte fjell, snødekte topper og dype daler. Den ender i bygda Geiranger, som har gitt fjorden sitt navn.

Naturskjønnhet og Utsiktspunkter:
Geirangerfjorden er berømt for sin naturskjønnhet, og hvert sving på fjorden avslører nye imponerende utsikter. De bratte fjellveggene stiger rett opp fra vannet, og fjorden har flere bemerkelsesverdige utsiktspunkter, som Dalsnibba og Ørnesvingen. Disse stedene gir fantastiske panoramaer over fjorden og det omkringliggende landskapet.

Fossefall og Fjordcruise:
Fjorden er også kjent for sine majestetiske fossefall som stuper ned fra fjellveggene og skaper et spektakulært skue. Blant de mest berømte fossefallene er "De syv søstrene" og "Friaren." Mange besøkende tar fjordcruise for å komme tett på disse fantastiske naturfenomenene og oppleve den unike skjønnheten i området.

GEIRANGERFJORD - NORWAY'S JEWEL AMONG THE FJORDS

Geirangerfjord, a gem among Norway's fjords, is renowned for its natural beauty and majestic landscape. This UNESCO World Heritage Site attracts visitors from all around the world who come to experience the spectacular scenery and majestic waterfalls that surround the fjord.

Location and Geography:
Geirangerfjord is situated on the west coast of Norway, in the county of Møre og Romsdal. The fjord stretches over a length of 15 kilometers and is surrounded by steep mountains, snow-capped peaks, and deep valleys. It ends in the village of Geiranger, from which the fjord derives its name.

Natural Beauty and Viewpoints:
Geirangerfjord is famous for its natural beauty, and every turn along the fjord reveals new impressive vistas. The steep mountain walls rise straight up from the water, and the fjord has several remarkable viewpoints, such as Dalsnibba and Ørnesvingen. These places offer fantastic panoramas of the fjord and the surrounding landscape.

Waterfalls and Fjord Cruises:
The fjord is also renowned for its majestic waterfalls cascading down from the mountain walls, creating a spectacular sight. Among the most famous waterfalls are "The Seven Sisters" and "The Suitor." Many visitors take fjord cruises to get up close to these fantastic natural phenomena and experience the unique beauty of the area.

Kultur og Historie:
Geirangerfjorden har en rik kultur og historie knyttet til fiske, gårdsbruk og den gamle handelsveien over fjellet til Østlandet. Mange av gårdene rundt fjorden er godt bevart og gir besøkende en innsikt i livet på landsbygda i tidligere tider.

Bærekraft og Bevaring:
På grunn av den unike og sårbare naturen er bevaring og bærekraft viktige temaer i Geirangerfjorden. Det har blitt satt i gang tiltak for å bevare det naturskjønne landskapet og minimere påvirkningen fra turismen. Turistbåtene som opererer i fjorden følger strenge retningslinjer for å sikre at den skjøre naturen blir bevart for kommende generasjoner.

Opplevelser for Reisende:
For reisende som besøker Geirangerfjorden, er det en rekke aktiviteter å glede seg over. I tillegg til fjordcruise og spektakulære fjellturer, kan man oppleve kajakkpadling, fotturer, og utforske de sjarmerende landsbyene langs fjorden. De som besøker Geirangerfjorden blir ofte overveldet av den naturlige skjønnheten og det fredelige miljøet som omgir dem.

Avslutning:
Geirangerfjorden er en juvel blant Norges fjorder og et sted som inspirerer og fortryller besøkende fra hele verden. Med sin unike naturskjønnhet, majestetiske fossefall og rike historie, er Geirangerfjorden en destinasjon som vil fortsette å fange hjertene til de som søker å oppleve naturens storslåtte underverker.

Culture and History:
Geirangerfjord has a rich culture and history related to fishing, farming, and the old trade route over the mountains to Eastern Norway. Many of the farms around the fjord are well-preserved and provide visitors with insight into rural life in earlier times.

Sustainability and Conservation:
Due to its unique and vulnerable nature, conservation and sustainability are important topics in Geirangerfjord. Measures have been implemented to preserve the scenic landscape and minimize the impact of tourism. Tourist boats operating in the fjord adhere to strict guidelines to ensure the fragile nature is conserved for future generations.

Experiences for Travelers:
For travelers visiting Geirangerfjord, there are a variety of activities to enjoy. In addition to fjord cruises and spectacular mountain hikes, one can experience kayaking, hiking, and explore the charming villages along the fjord. Those who visit Geirangerfjord are often overwhelmed by the natural beauty and the peaceful environment that surrounds them.

Conclusion:
Geirangerfjord is a jewel among Norway's fjords, captivating and enchanting visitors from all over the world. With its unique natural beauty, majestic waterfalls, and rich history, Geirangerfjord remains a destination that continues to capture the hearts of those seeking to experience the grand wonders of nature.

Bratte - Steep   Tiltak - Measures
Snødekte - Snow-capped Fotturer - Hiking
Bemerkelsesverdige - Remarkable
Sårbar - Vulnerable

SOGNEFJORDEN - NORGES LENGSTE OG DYPESTE FJORD

Sognefjorden, Norges lengste og dypeste fjord, er et spektakulært naturfenomen som strekker seg over 200 kilometer inn i landet. Dette majestetiske fjordlandskapet er kjent for sin utrolige skjønnhet, dramatiske fjellformasjoner og idylliske landsbyer som omkranser fjorden.

Beliggenhet og Geografi:
Sognefjorden ligger på vestkysten av Norge, i Sogn og Fjordane fylke. Den strekker seg fra kysten ved Skjolden og går innover i landet, passerer imponerende fjellformasjoner og dype daler. Med sine bratte fjellvegger og snødekte topper er Sognefjorden et imponerende syn som tiltrekker seg natur- og friluftsentusiaster fra hele verden.

Bredden av Naturskjønnhet:
Sognefjorden har en overflod av naturskjønnhet å by på. Besøkende kan oppleve majestetiske fossefall som Kjelfossen, den høyeste i Norge, som stuper ned fra fjelltoppene og skaper et imponerende syn. I tillegg finnes det mange sjarmerende landsbyer og småbyer langs fjorden, som Flåm, Aurland, og Balestrand, hvor man kan oppleve den autentiske norske kulturen og gjestfriheten.

Unike Aktiviteter og Opplevelser:
Sognefjorden tilbyr et mangfold av aktiviteter og opplevelser for besøkende. Man kan ta en båttur langs fjorden for å oppleve den fantastiske naturen fra vannet, eller ta taubanen til toppen av Nærøyfjellet for å få panoramautsikt over fjorden og de omkringliggende fjellene. Fjorden er også et yndet reisemål for turgåere, som kan utforske de mange stiene og fjellruter i området.

SOGNEFJORD - NORWAY'S LONGEST AND DEEPEST FJORD

Sognefjord, Norway's longest and deepest fjord, is a spectacular natural wonder that stretches over 200 kilometers into the country. This majestic fjord landscape is known for its incredible beauty, dramatic mountain formations, and idyllic villages surrounding the fjord.

Location and Geography:
Sognefjord is located on the west coast of Norway, in Sogn og Fjordane county. It stretches from the coast at Skjolden and goes inland, passing impressive mountain formations and deep valleys. With its steep mountain walls and snow-capped peaks, Sognefjord is an impressive sight that attracts nature and outdoor enthusiasts from all over the world.

Abundance of Natural Beauty:
Sognefjord offers an abundance of natural beauty. Visitors can experience majestic waterfalls like Kjelfossen, the tallest in Norway, cascading down from the mountaintops, creating an impressive sight. Additionally, there are many charming villages and towns along the fjord, such as Flåm, Aurland, and Balestrand, where one can experience authentic Norwegian culture and hospitality.

Unique Activities and Experiences:
Sognefjord offers a variety of activities and experiences for visitors. One can take a boat trip along the fjord to experience the stunning nature from the water or take the cable car to the top of Nærøyfjellet for panoramic views of the fjord and the surrounding mountains. The fjord is also a popular destination for hikers, who can explore the many trails and mountain routes in the area.

Kultur og Historie:
Sognefjorden har en rik kultur og historie som går tilbake flere tusen år. Området har vært bebodd i uminnelige tider, og man kan fortsatt finne spor av den gamle kulturen og bosetningene langs fjorden. Sogn og Fjordane har også en sterk tradisjon innenfor musikk og kunst, og besøkende kan oppleve lokale arrangementer og festivaler som feirer den rike kulturarven.

Bærekraftig Turisme:
Som et sårbart og naturskjønt område, er bærekraftig turisme viktig for å bevare Sognefjorden for fremtidige generasjoner. Lokale myndigheter og aktører jobber sammen for å balansere turisme med miljøhensyn, og mange tiltak er satt i verk for å minimere påvirkningen på naturen.

Konklusjon:
Sognefjorden er en av Norges mest imponerende naturskatter, og dens skjønnhet og mangfold tiltrekker seg besøkende fra hele verden. Med sin unike geografi, rike kulturarv og en overflod av naturopplevelser, vil Sognefjorden fortsette å være en destinasjon som beriker og inspirerer de som søker å oppleve den praktfulle norske naturen.

Culture and History:
Sognefjord has a rich culture and history dating back thousands of years. The area has been inhabited for ancient times, and traces of the old culture and settlements can still be found along the fjord. Sogn og Fjordane also has a strong tradition in music and art, and visitors can experience local events and festivals that celebrate the rich cultural heritage.

Sustainable Tourism:
As a vulnerable and scenic area, sustainable tourism is crucial to preserve Sognefjord for future generations. Local authorities and stakeholders work together to balance tourism with environmental considerations, and many measures have been implemented to minimize the impact on nature.

Conclusion:
Sognefjord is one of Norway's most impressive natural treasures, and its beauty and diversity attract visitors from all over the world. With its unique geography, rich cultural heritage, and an abundance of nature experiences, Sognefjord will continue to be a destination that enriches and inspires those seeking to experience the magnificent Norwegian nature.

Taubanen - Cable car
Fjellruter - Mountain routes
Sogn og Fjordane - A county in Norway
Uminnelige - Time immemorial
Bosetningene - Settlements
Miljøhensyn - Environmental considerations
Overflod - Abundance

LOFOTEN - NORGES MALERISKE PERLE I NORD

Lofoten, en øygruppe langt nord i Norge, er kjent for sin maleriske skjønnhet, spektakulære natur og unike kulturarv. Med majestetiske fjell, hvite sandstrender, og tradisjonelle fiskevær, tiltrekker Lofoten besøkende fra hele verden som søker å oppleve den ubeskrivelige sjarmen og magien som omkranser øyene.

Geografi og Beliggenhet:
Lofoten ligger langt nord for polarsirkelen og består av en rekke øyer som strekker seg ut i det åpne havet. Øyene er omgitt av Vestfjorden og har et unikt landskap med bratte fjell som stiger opp fra havet, pittoreske små fiskevær, og idylliske strender som skaper et utrolig panorama.

Naturskjønnhet og Aktiviteter:
Lofoten er et paradis for naturelskere og friluftsentusiaster. Besøkende kan nyte turer i fjellene, sykkelturer langs kysten, eller utforske de vakre strendene. Området er også kjent for sitt rike dyreliv, og man kan oppleve alt fra majestetiske havørner til nysgjerrige sel som leker i havet.

Kulturarv og Tradisjoner:
Lofoten har en lang og stolt fiskehistorie, og tradisjonell fiskekultur lever videre i dag. Rorbuer, tradisjonelle fiskehytter langs kysten, gir besøkende en autentisk opplevelse av livet til de lokale fiskerne. I tillegg er Lofoten kjent for sin kunstneriske sjel, og det finnes mange gallerier og verksteder som viser frem lokale kunstnere og deres verk.

LOFOTEN - NORWAY'S PICTURESQUE GEM IN THE NORTH

Lofoten, an island group far north in Norway, is known for its picturesque beauty, spectacular nature, and unique cultural heritage. With majestic mountains, white sandy beaches, and traditional fishing villages, Lofoten attracts visitors from all over the world seeking to experience the indescribable charm and magic that surrounds the islands.

Geography and Location:
Lofoten is located far north of the Arctic Circle and consists of a series of islands extending into the open sea. The islands are surrounded by the Vestfjorden and have a unique landscape with steep mountains rising from the sea, picturesque fishing villages, and idyllic beaches creating an incredible panorama.

Natural Beauty and Activities:
Lofoten is a paradise for nature lovers and outdoor enthusiasts. Visitors can enjoy hikes in the mountains, bike rides along the coast, or explore the beautiful beaches. The area is also known for its rich wildlife, and one can experience everything from majestic sea eagles to curious seals playing in the sea.

Cultural Heritage and Traditions:
Lofoten has a long and proud fishing history, and traditional fishing culture continues to thrive today. Rorbuer, traditional fishing cabins along the coast, provide visitors with an authentic experience of the life of the local fishermen. Additionally, Lofoten is known for its artistic soul, and there are many galleries and workshops showcasing local artists and their works.

Midnattssol og Nordlys:
Lofoten er et av de beste stedene i verden for å oppleve midnattssol om sommeren og nordlys om vinteren. Midnattssolen gir et magisk lys over øyene, og nordlyset maler himmelen med sine fantastiske farger om vinteren. Disse naturlige fenomenene tiltrekker seg fotografer og naturelskere fra hele verden.

Matopplevelser:
Lofoten er også kjent for sine kulinariske opplevelser, spesielt innenfor fisk og sjømat. Besøkende kan smake på fersk fisk fanget i de omkringliggende havene, og lokale retter som tørrfisk og klippfisk er en del av den kulinariske arven i området.

Bærekraftig Turisme:
Som et skjørt og naturskjønt område, er bærekraftig turisme viktig for å bevare Lofoten for fremtidige generasjoner. Lokale myndigheter og aktører arbeider for å sikre at turismen er i harmoni med naturen og kulturen i området, samtidig som det skapes positive opplevelser for besøkende.

Avslutning:
Lofoten er en malerisk perle langt nord i Norge, som tar pusten fra besøkende med sin storslåtte natur, rike kulturarv, og en unik atmosfære. Uansett om man søker eventyr i naturen, kulturelle opplevelser, eller bare ønsker å oppleve den magiske midnattssolen og nordlyset, vil Lofoten alltid forbli et uforglemmelig reisemål for alle som oppdager dens sjarm og skjønnhet.

Midnight Sun and Northern Lights:
Lofoten is one of the best places in the world to experience the midnight sun during the summer and the northern lights during the winter. The midnight sun casts a magical light over the islands, and the northern lights paint the sky with their fantastic colors during the winter. These natural phenomena attract photographers and nature enthusiasts from all over the world.

Culinary Experiences:
Lofoten is also known for its culinary experiences, especially in fish and seafood. Visitors can taste fresh fish caught in the surrounding seas, and local dishes such as stockfish and klippfisk are part of the culinary heritage of the area.

Sustainable Tourism:
As a fragile and scenic area, sustainable tourism is essential to preserve Lofoten for future generations. Local authorities and stakeholders work to ensure that tourism is in harmony with the nature and culture of the area, while creating positive experiences for visitors.

Conclusion:
Lofoten is a picturesque gem far north in Norway, taking the breath away from visitors with its magnificent nature, rich cultural heritage, and unique atmosphere. Whether seeking adventure in nature, cultural experiences, or just wanting to witness the magical midnight sun and northern lights, Lofoten will always remain an unforgettable destination for all who discover its charm and beauty.

Polarsirkelen - Arctic Circle
Vestfjorden - Vestfjorden (a sea area)
Dyreliv - Wildlife   Fiskevær - Fishing villages
Tørrfisk - Stockfish
Rorbuer - Fishing cabins

MIDNATTSSOLEN - NATTENS MAGISKE SOL I NORDEN

Midnattssolen, et naturfenomen som kun finnes i nordlige regioner, er en fortryllende opplevelse som fascinerer og forundrer besøkende fra hele verden. Når solen aldri går ned under horisonten, og dagen blir til nattløs magi, skaper midnattssolen en unik atmosfære og gir en helt spesiell følelse av tidløshet.

Geografi og Fenomenets Utløpere:
Midnattssolen er knyttet til områder nord for polarsirkelen, der de nordligste delene av Norge, Sverige, Finland, Russland, Canada og Alaska får gleden av å oppleve dette naturlige fenomenet. Nord-Norge er spesielt kjent for å tiltrekke seg besøkende som ønsker å oppleve midnattssolen i all sin prakt.

Magiske Nettene uten Mørke:
Når sommeren kommer til de nordlige breddegrader, bringer den med seg dager der solen aldri går ned, og nettene blir badet i et uendelig skumringslys. Besøkende blir vitne til en uvanlig følelse av tid og sted, der det føles som om tiden står stille og natten blir en forlengelse av dagen. Dette magiske lyset gir også en spesiell glød til landskapet og skaper en atmosfære av mystikk og forundring.

Midnattssolen og Kulturen:
Midnattssolen har en dyp forankring i den nordlige kulturen og har gjennom tidene spilt en viktig rolle i myter, sagn og kulturelle uttrykk. I nordiske kulturer har midnattssolen symbolisert utholdenhet, lykke og fornyelse. Tradisjoner som midtsommerfeiring, der folk samles for å feire den lengste dagen i året, er en viktig del av den nordlige kulturen.

THE MIDNIGHT SUN - NIGHT'S MAGICAL SUN IN THE NORTH

The Midnight Sun, a natural phenomenon found only in northern regions, is an enchanting experience that captivates and amazes visitors from all around the world. When the sun never sets below the horizon, and the day turns into a nightless magic, the Midnight Sun creates a unique atmosphere and gives a special sense of timelessness.

Geography and Phenomenon's Extensions:
The Midnight Sun is associated with areas north of the Arctic Circle, where the northernmost parts of Norway, Sweden, Finland, Russia, Canada, and Alaska have the pleasure of experiencing this natural phenomenon. Northern Norway is particularly renowned for attracting visitors who wish to witness the Midnight Sun in all its glory.
Magical Nights without Darkness:
As summer arrives in the northern latitudes, it brings with it days when the sun never sets, and the nights are bathed in an endless twilight. Visitors become witnesses to an unusual sense of time and place, where it feels like time stands still, and the night becomes an extension of the day. This magical light also casts a special glow on the landscape, creating an atmosphere of mystery and wonder.
The Midnight Sun and Culture:
The Midnight Sun has deep roots in northern culture and has played an essential role in myths, legends, and cultural expressions throughout history. In Nordic cultures, the Midnight Sun symbolizes endurance, happiness, and renewal. Traditions like Midsummer celebrations, where people gather to commemorate the longest day of the year, are an integral part of northern culture.

Turisme og Naturopplevelser:
Midnattssolen tiltrekker seg turister fra hele verden som ønsker å oppleve det unike fenomenet. I tillegg til å nyte midnattssolens magiske lys, kan besøkende oppleve utendørsaktiviteter som fjellturer, fisketurer, og sykkelturer, eller utforske de idylliske landsbyene og den uberørte naturen som finnes i nordlige regioner.

Bærekraftig Turisme:
Som med alle naturskjønne områder, er bærekraftig turisme avgjørende for å bevare og beskytte midnattssolen for kommende generasjoner. Bevaring av det unike nordlige miljøet, med hensyn til dyreliv og planteliv, er en viktig del av arbeidet med å sikre at midnattssolen kan nytes i fremtiden.

Avslutning:
Midnattssolen er et magisk naturfenomen som tilbyr en unik opplevelse for de som besøker de nordlige regionene. Med sitt blendende skumringslys og dype kulturelle røtter, er midnattssolen en evig inspirasjon som fortryller besøkende og lar dem oppleve tidløs skjønnhet i nattens magiske sol i Norden.

Tourism and Nature Experiences:
The Midnight Sun attracts tourists from all over the world who want to experience this unique phenomenon. In addition to enjoying the magical light of the Midnight Sun, visitors can engage in outdoor activities such as mountain hikes, fishing trips, and bike tours, or explore the idyllic villages and pristine nature found in northern regions.

Sustainable Tourism:
As with all scenic areas, sustainable tourism is essential to preserve and protect the Midnight Sun for future generations. Conservation of the unique northern environment, with consideration for wildlife and vegetation, is an integral part of the efforts to ensure that the Midnight Sun can be enjoyed in the future.

Conclusion:
The Midnight Sun is a magical natural phenomenon that offers a unique experience for those who visit northern regions. With its dazzling twilight light and deep cultural roots, the Midnight Sun is an eternal inspiration that enchants visitors and allows them to experience timeless beauty in the night's magical sun in the North.

Skumringslys - Twilight light
Utholdenhet - Endurance
Planteliv - Vegetation
Nattløs - Nightless

NORDLYS - NATURSKJØNNHETEN PÅ NATTEHIMMELEN

Nordlys, et fenomen av dansende, fargerike lys som opptrer på nattehimmelen i polare regioner, er en av naturens mest forbløffende og betagende opplevelser. Disse mystiske lysshowene har fascinert mennesker i århundrer og har gitt inspirasjon til myter, sagn og kunstverk som ærer deres skjønnhet.

Geografi og Observasjonspunkter:
Nordlys er vanligst i polare områder nær polarsirkelen, der de nordligste delene av Norge, Sverige, Finland, Russland, Canada og Alaska gir ideelle observasjonspunkter. Mange reisende kommer til disse områdene for å oppleve nordlysets magi og ta del i den unike atmosfæren som omkranser dem.

Dansende Lys og Farger:
Nordlys oppstår når solstormer sender elektrisk ladde partikler inn i jordens atmosfære. Disse partiklene kolliderer med atmosfærens gassmolekyler og avgir lys i ulike farger, som vanligvis inkluderer grønt, rødt, blått og fiolett. Dansende lysstråler beveger seg over nattehimmelen, og skaper et spektakulært show som fortryller alle som er heldige nok til å se det.

Kulturell Signifikans:
Nordlys har en dyp kulturell betydning i polare samfunn, og har gjennom tidene blitt ansett som et mystisk og overnaturlig fenomen. I nordiske kulturer har nordlyset blitt knyttet til guder og mytologiske vesener, og har inspirert til sagn og historier om hinsidige riker og guddommelige krefter.

NORTHERN LIGHTS - NATURE'S BEAUTY ON THE NIGHT SKY

The Northern Lights, a phenomenon of dancing, colorful lights appearing on the night sky in polar regions, is one of nature's most astonishing and captivating experiences. These mystical light shows have fascinated people for centuries and have inspired myths, legends, and artworks that honor their beauty.

Geography and Observation Points:
The Northern Lights are most common in polar regions near the Arctic Circle, where the northernmost parts of Norway, Sweden, Finland, Russia, Canada, and Alaska provide ideal observation points. Many travelers come to these areas to experience the magic of the Northern Lights and be part of the unique atmosphere surrounding them.

Dancing Lights and Colors:
The Northern Lights occur when solar storms send electrically charged particles into the Earth's atmosphere. These particles collide with the gas molecules in the atmosphere and emit light in various colors, typically including green, red, blue, and violet. Dancing light rays move across the night sky, creating a spectacular show that mesmerizes everyone lucky enough to see it.

Cultural Significance:
The Northern Lights hold deep cultural significance in polar communities and have been considered a mysterious and supernatural phenomenon throughout history. In Nordic cultures, the Northern Lights have been associated with gods and mythological beings, inspiring legends and stories about otherworldly realms and divine powers.

Nordlys som Inspirasjon:
Nordlyset har også fungert som inspirasjon for kunstnere, forfattere og poeter gjennom historien. Mange kunstverk og dikt har blitt skapt for å fange nordlysets skjønnhet og magi, og det har blitt et symbolsk uttrykk for mystikk og forundring i kunstverdenen.

Nordlys-turisme:
Den økende interessen for nordlys har ført til en vekst i nordlys-turisme, der reisende besøker polare områder for å oppleve denne naturlige skjønnheten. Turistindustrien har tilrettelagt for nordlysobservasjoner, inkludert turer, utflukter og overnattingsmuligheter som gir besøkende mulighet til å oppleve nordlyset på nært hold.

Bærekraftig Reiseliv:
Med økende turisme er bærekraftig reiseliv av stor betydning for å bevare de sårbare polare områdene. Bevaring av miljøet og respekt for den lokale kulturen er viktige hensyn som tas for å sikre at nordlysets skjønnhet kan fortsette å glede besøkende i fremtiden.

Avslutning:
Nordlys er en naturlig skattekiste som gir et fortryllende skue på nattehimmelen. Med sin dansende lys og fargerike uttrykk, har nordlyset fortryllet mennesker i generasjoner, og vil fortsette å være en kilde til inspirasjon og beundring for alle som opplever dets magiske skjønnhet i polare regioner.

Northern Lights as Inspiration:
The Northern Lights have also served as inspiration for artists, writers, and poets throughout history. Many artworks and poems have been created to capture the beauty and magic of the Northern Lights, becoming a symbolic expression of mystique and wonder in the art world.

Northern Lights Tourism:
The increasing interest in the Northern Lights has led to growth in Northern Lights tourism, with travelers visiting polar regions to experience this natural beauty. The tourism industry has facilitated Northern Lights observations, including tours, excursions, and accommodation options that allow visitors to experience the Northern Lights up close.

Sustainable Tourism:
With the growing tourism, sustainable tourism is of great importance to preserve the vulnerable polar regions. Conservation of the environment and respect for the local culture are crucial considerations taken to ensure that the beauty of the Northern Lights can continue to delight visitors in the future.

Conclusion:
The Northern Lights are a natural treasure that provides an enchanting spectacle in the night sky. With their dancing lights and colorful display, the Northern Lights have captivated people for generations and will continue to be a source of inspiration and admiration for all who experience their magical beauty in polar regions.

Forbløffende - Astonishing Fortrylle - Mesmerize
Hinsidige - Otherworldly   Tidene - Throughout history
Skue - Spectacle
Skumringslys - Twilight light

DEMOGRAFI I NORGE - EN MANGFOLDIG NASJON

Demografi i Norge er preget av mangfold, med en variert befolkning sammensatt av ulike kulturelle, etniske og språklige bakgrunner. Den norske befolkningen har gjennomgått betydelige endringer over tid, og i dag er Norge kjent for å være en moderne og inkluderende nasjon som omfavner sin kulturelle diversitet.

Befolkningsstørrelse og Vekst:
Per nå teller Norge over 5 millioner innbyggere. Landets befolkning har opplevd gradvis vekst, drevet av både fødselsrate og innvandring. Den positive økningen i antall innbyggere er et resultat av gode levekår, et stabilt økonomisk system, og høy livskvalitet som tiltrekker både norske og utenlandske borgere.

Etniske Grupper:
Den norske befolkningen er mangfoldig og inkluderer en rekke etniske grupper. Majoriteten av innbyggerne er etnisk norske, men det finnes også store minoritetsgrupper med ulike nasjonaliteter og kulturelle bakgrunner. Samisk, som er språket til samene, urbefolkningen i Norge, har også en spesiell status som et offisielt minoritetsspråk.

Innvandring og Integrering:
Innvandring har spilt en sentral rolle i Norges demografiske utvikling de siste tiårene. Landet har blitt et attraktivt reisemål for arbeidskraft og familiegjenforening, noe som har ført til en økende andel av befolkningen med utenlandsk opprinnelse. Norge legger vekt på integrering av innvandrere og arbeider for å skape en inkluderende samfunn der mangfold blir verdsatt og respektert.

DEMOGRAPHICS IN NORWAY - A DIVERSE NATION

Demographics in Norway are characterized by diversity, with a varied population composed of different cultural, ethnic, and linguistic backgrounds. The Norwegian population has undergone significant changes over time, and today Norway is known for being a modern and inclusive nation that embraces its cultural diversity.

Population Size and Growth:
Currently, Norway has over 5 million inhabitants. The country's population has experienced gradual growth, driven by both birth rates and immigration. The positive increase in the number of inhabitants is a result of good living conditions, a stable economic system, and a high quality of life, attracting both Norwegian and foreign citizens.

Ethnic Groups:
The Norwegian population is diverse and includes a range of ethnic groups. The majority of the residents are ethnically Norwegian, but there are also large minority groups with different nationalities and cultural backgrounds. Sámi, the language of the Sámi people, the indigenous population of Norway, also holds a special status as an official minority language.

Immigration and Integration:
Immigration has played a central role in Norway's demographic development in recent decades. The country has become an attractive destination for labor and family reunification, resulting in an increasing proportion of the population with foreign origins. Norway emphasizes the integration of immigrants and works to create an inclusive society where diversity is valued and respected.

Alderstruktur:
Som mange andre vestlige land har Norge en aldrende befolkning. Forventet levealder har økt, og en større andel av befolkningen er eldre enn tidligere. Dette utfordrer landet til å tilpasse velferdstjenester og pensjonsordninger for å møte behovene til den eldre delen av befolkningen.

Utdanningsnivå:
Norge har en høy grad av utdanningsnivå blant innbyggerne. Gratis utdanning og tilgang til høyere utdanning har bidratt til å skape en kunnskapsrik befolkning. Utdanning er en viktig faktor for å opprettholde Norges velferdssamfunn og fremme innovasjon og økonomisk utvikling.

Regionale Forskjeller:
Befolkningsfordelingen i Norge er ikke jevnt fordelt over hele landet. De fleste mennesker bor i byområder, spesielt rundt hovedstaden Oslo, mens mange distrikter opplever en nedgang i befolkningen som følge av utfordringer knyttet til arbeidsplasser og infrastruktur.

Avslutning:
Demografien i Norge reflekterer landets rike kulturelle og etniske mangfold. Befolkningsvekst, innvandring, utdanning, og aldersstruktur er alle faktorer som påvirker Norges samfunn og økonomi. Som en inkluderende nasjon, arbeider Norge kontinuerlig med å styrke samhørighet og forståelse for å skape et samfunn der alle har like muligheter og kan delta aktivt i samfunnet.

Age Structure:
Like many other Western countries, Norway has an aging population. Life expectancy has increased, and a larger share of the population is older than before. This challenges the country to adapt welfare services and pension schemes to meet the needs of the elderly part of the population.

Education Level:
Norway has a high level of education among its inhabitants. Free education and access to higher education have contributed to creating an educated population. Education is a crucial factor in maintaining Norway's welfare society and promoting innovation and economic development.

Regional Disparities:
The distribution of the population in Norway is not evenly spread across the country. Most people live in urban areas, especially around the capital, Oslo, while many districts experience a decline in population due to challenges related to employment opportunities and infrastructure.

Conclusion:
Demographics in Norway reflect the country's rich cultural and ethnic diversity. Population growth, immigration, education, and age structure are all factors that influence Norway's society and economy. As an inclusive nation, Norway continuously works to strengthen unity and understanding to create a society where everyone has equal opportunities and can actively participate in the community.

Gradvis - Gradual
Fødselsrate - Birth rate
Levealder - Life expectancy
Kunnskapsrik - Knowledgeable
Velferdssamfunn - Welfare society

DEN NORSKE ØKONOMIEN

Den norske økonomien er kjent for sin stabilitet, bærekraftige vekst og mangfoldige næringsstruktur. Med en rikdom av naturressurser og et velfungerende velferdssystem, har Norge oppnådd en solid økonomisk posisjon på den internasjonale scenen.

Olje- og Gassindustrien:
En av de mest betydningsfulle sektorene i den norske økonomien er olje- og gassindustrien. Norge har store forekomster av olje og naturgass i Nordsjøen, og disse ressursene har vært en viktig drivkraft bak landets økonomiske suksess. Inntektene fra olje- og gassindustrien har blitt investert i forskning, utvikling, og i oppbyggingen av et sterkt velferdssamfunn.

Maritim Industri:
Som en sjøfartsnasjon har den maritime industrien også spilt en viktig rolle i den norske økonomien. Norge har en av verdens største handelsflåter, og maritim virksomhet som skipsfart, verft og offshoreteknologi har bidratt til å styrke landets økonomi.

Fornybar Energi:
Norge har også vært fremoverlent når det gjelder å utvikle fornybar energi. Med store vannressurser er vannkraft den viktigste kilden til elektrisitet i Norge, og landet er en betydelig eksportør av energi. I tillegg har Norge satset på å utvikle andre fornybare energikilder som vindkraft og solenergi.

Innovasjon og Teknologi:
Innovasjon og teknologi spiller en sentral rolle i den norske økonomien. Landet har en sterk forsknings- og utviklingssektor som har bidratt til fremveksten av innovative bedrifter i ulike bransjer.

THE NORWEGIAN ECONOMY

The Norwegian economy is known for its stability, sustainable growth, and diverse industrial structure. With abundant natural resources and a well-functioning welfare system, Norway has achieved a strong economic position on the international stage.

Oil and Gas Industry:
One of the most significant sectors in the Norwegian economy is the oil and gas industry. Norway has substantial reserves of oil and natural gas in the North Sea, and these resources have been a key driver behind the country's economic success. Revenues from the oil and gas industry have been invested in research, development, and building a strong welfare society.

Maritime Industry:
As a maritime nation, the maritime industry has also played a vital role in the Norwegian economy. Norway has one of the world's largest merchant fleets, and maritime activities such as shipping, shipbuilding, and offshore technology have contributed to strengthening the country's economy.
Renewable Energy:
Norway has also been proactive in developing renewable energy. With ample water resources, hydropower is the primary source of electricity in Norway, and the country is a significant energy exporter. Additionally, Norway has invested in developing other renewable energy sources like wind power and solar energy.
Innovation and Technology:
Innovation and technology play a central role in the Norwegian economy. The country has a strong research and development sector that has contributed to the emergence of innovative companies in various industries.

Norge har også fostret en voksende oppstartskultur som fremmer entreprenørskap og nytenkning.

Fiskeri og Havbruk:
Fiskeri og havbruk har tradisjonelt vært en viktig del av den norske økonomien. Norge er blant verdens største eksportører av sjømat, og fiskeindustrien har bidratt til å skape arbeidsplasser og velstand i kystområdene.

Bærekraft og Grønn Omstilling:
Norge har en sterk forpliktelse til bærekraft og grønn omstilling. Landet har satt ambisiøse mål for å redusere klimagassutslipp og fremme miljøvennlige løsninger. Bærekraftig utvikling er en sentral del av den norske økonomien, og regjeringen arbeider aktivt med å fremme grønn teknologi og innovasjon.

Global Handel og Samarbeid:
Norge er en aktiv deltaker i global handel og samarbeid. Som medlem av EØS-avtalen har Norge tilgang til det indre markedet i EU og samarbeider tett med andre land for å fremme økonomisk vekst og stabilitet.

Avslutning:
Den norske økonomien har et solid fundament som er bygget på en mangfoldig næringsstruktur og et sterkt fokus på bærekraftig utvikling. Med en balansert kombinasjon av naturressurser, innovasjon og internasjonalt samarbeid, fortsetter Norge å opprettholde sin økonomiske styrke og positivt bidra til global vekst.

Bærekraftig - Sustainable
Sjøfartsnasjon - Maritime nation
Fornybar - Renewable
Oppstartskultur - Startup culture
Kystområder - Coastal areas
Klimagassutslipp - Greenhouse gas emissions

Norway has also fostered a growing startup culture that promotes entrepreneurship and creativity.

Fisheries and Aquaculture:
Fisheries and aquaculture have traditionally been essential parts of the Norwegian economy. Norway is among the world's largest exporters of seafood, and the fishing industry has created jobs and prosperity in coastal areas.

Sustainability and Green Transition:
Norway is strongly committed to sustainability and green transition. The country has set ambitious goals to reduce greenhouse gas emissions and promote environmentally friendly solutions. Sustainable development is a fundamental part of the Norwegian economy, and the government actively works to promote green technology and innovation.

Global Trade and Cooperation:
Norway is an active participant in global trade and cooperation. As a member of the EEA agreement, Norway has access to the EU's internal market and collaborates closely with other countries to promote economic growth and stability.

Conclusion:
The Norwegian economy has a solid foundation built on a diverse industrial structure and a strong focus on sustainable development. With a balanced combination of natural resources, innovation, and international cooperation, Norway continues to maintain its economic strength and positively contribute to global growth.

Vannkraft - Hydropower
Forsknings- og utviklingssektor - Research and development sector

NORSK MATKULTUR - EN SMAKFULL REISE GJENNOM NORGE

Norsk matkultur er kjent for sin autentisitet, naturlige ingredienser og rike variasjon som speiler landets geografiske mangfold. Den norske maten har historiske røtter som går tilbake til tidligere tider, men har også blitt påvirket av moderne kulinariske trender og internasjonale smaker.

Tradisjonelle Retter:
Blant de mest kjente tradisjonelle rettene i norsk matkultur finner vi "rømmegrøt", en rik grøt laget av fløte og servert med smør, sukker og kanel. "Lutefisk", tørrfisk behandlet med lut, er en julerett som har vært en favoritt i mange norske hjem. I tillegg er "klippfisk" - tørrfisk som har blitt saltet og tørket, en annen populær ingrediens i mange norske retter.

Fisk og Sjømat:
Med sin lange kystlinje er fisk og sjømat en hjørnestein i norsk mat. Laks, ørret, torsk og reker er noen av de mest populære fiskene som brukes i tradisjonelle og moderne retter. "Rakfisk", en fermentert fisk, er en spesialitet fra innlandet og har blitt en favoritt blant matentusiaster.

Lokale Delikatesser:
Norge har mange regionale spesialiteter som reflekterer lokale mattradisjoner. "Fårikål", en enkel rett med fårekjøtt, kål og pepper, er kjent som Norges nasjonalrett og serveres ofte om høsten. I Nord-Norge er "finnbiff", en gryterett med reinkjøtt, løk og fløte, en favoritt blant lokalbefolkningen.

NORWEGIAN CUISINE - A FLAVORFUL JOURNEY THROUGH NORWAY

Norwegian cuisine is known for its authenticity, natural ingredients, and rich variety that reflects the country's geographical diversity. Norwegian food has historical roots dating back to earlier times but has also been influenced by modern culinary trends and international flavors.

Traditional Dishes:
Among the most well-known traditional dishes in Norwegian cuisine, we find "rømmegrøt," a rich porridge made from cream and served with butter, sugar, and cinnamon. "Lutefisk," dried fish treated with lye, is a Christmas dish that has been a favorite in many Norwegian homes. Additionally, "klippfisk" - dried and salted fish, is another popular ingredient in many Norwegian dishes.

Fish and Seafood:
With its long coastline, fish and seafood are cornerstones of Norwegian cuisine. Salmon, trout, cod, and shrimp are some of the most popular fish used in traditional and modern dishes. "Rakfisk," a fermented fish, is a specialty from inland regions and has become a favorite among food enthusiasts.

Local Delicacies:
Norway has many regional specialties that reflect local food traditions. "Fårikål," a simple dish with mutton, cabbage, and pepper, is known as Norway's national dish and is often served in the fall. In Northern Norway, "finnbiff," a stew with reindeer meat, onions, and cream, is a favorite among the locals.

Bær og Sopp:
Norsk matkultur utnytter også naturens rikdom med et bredt utvalg av bær og sopp. Tyttebær, multer og blåbær er noen av de mest populære bærene som brukes i desserter og sauser. I skogene finnes det også et rikt utvalg av sopp, som kantareller og steinsopp, som er en delikatesse i norsk mat.

Moderne Matutvikling:
I moderne tid har norsk matkultur opplevd en renessanse med fokus på lokal og kortreist mat. Mange kokker og restauranter har tatt i bruk norske råvarer og tradisjonelle metoder for å skape innovative og smakfulle retter. I tillegg har norske matprodusenter vært opptatt av bærekraft og økologisk produksjon for å ivareta naturens mangfold.

Internasjonale Innflytelser:
På grunn av økt globalisering har også norske matvaner blitt påvirket av internasjonale matretninger. Det er nå vanlig å finne et utvalg av internasjonale restauranter som tilbyr mat fra forskjellige deler av verden.

Konklusjon:
Norsk matkultur er en spennende blanding av tradisjonelle retter og moderne kulinariske trender. Med sin fokus på naturlige ingredienser og lokal matproduksjon, har Norge skapt en smakfull og mangfoldig matopplevelse som reflekterer landets unike geografi og kulturelle arv.

Rømmegrøt - Sour cream porridge
Lutefisk - Lye fish
Klippfisk - Dried and salted fish
Rakfisk - Fermented fish
Fårikål - Lamb and cabbage stew
Finnbiff - Reindeer meat stew

Berries and Mushrooms:
Norwegian cuisine also takes advantage of nature's abundance with a wide selection of berries and mushrooms. Lingonberries, cloudberries, and blueberries are some of the most popular berries used in desserts and sauces. In the forests, there is also a rich variety of mushrooms, such as chanterelles and porcini, which are delicacies in Norwegian cuisine.

Modern Food Development:
In modern times, Norwegian cuisine has experienced a renaissance with a focus on local and locally sourced food. Many chefs and restaurants have embraced Norwegian ingredients and traditional methods to create innovative and flavorful dishes. Additionally, Norwegian food producers have been focused on sustainability and organic production to preserve the diversity of nature.

International Influences:
Due to increased globalization, Norwegian food habits have also been influenced by international culinary trends. It is now common to find a variety of international restaurants offering food from different parts of the world.

Conclusion:
Norwegian cuisine is an exciting blend of traditional dishes and modern culinary trends. With its focus on natural ingredients and local food production, Norway has created a flavorful and diverse food experience that reflects the country's unique geography and cultural heritage.

Tyttebær - Lingonberries
Multe - Cloudberry
Steinsopp - Porcini mushroom
Økologisk produksjon - Organic production
Kortreist mat - Locally sourced food

LUTEFISK - EN NORSK DELIKATESSE MED HISTORISKE RØTTER

Lutefisk er en unik norsk matrett som har dype historiske røtter og er en høyt verdsatt del av den norske matkulturen. Denne spesielle fisken har en spennende tilberedningsprosess som har vært en tradisjon i generasjoner.

Historie og Opprinnelse:
Lutefisk har en lang historie i Norge og har vært spist i flere hundre år. Opprinnelig ble fisket tørket i den kalde nordiske luften for å bevare den. Senere, på 16. og 17. århundre, ble metoden med lutet tørrfisk utviklet, og dette er hvordan lutefisk slik vi kjenner det i dag oppsto. Prosessen involverer å bløtlegge tørrfisken i en blanding av vann og lut (en vannløsning av kaliumhydroksid). Dette gir fisken en geléaktig konsistens og en karakteristisk smak.

Tilberedningsprosess:
Å tilberede lutefisk kan være en kunstform. Fisken er vanligvis tørrfisk, men den kan også være torsk eller sei. Før matlagingen, må fisken bløtlegges i kaldt vann i flere dager for å fjerne luten. Deretter kokes den i en spesiell lutefiskgryte i ovnen, noe som gir den en myk og geléaktig konsistens. Mange nordmenn serverer lutefisk sammen med ertestuing, bacon, poteter og sennepssaus.

Oppskrift på Lutefisk med Tradisjonell Ertestuing:

Ingredienser:
- 1 kg lutefisk (tørrfisk eller fersk torsk)
- 1 liter vann

LUTEFISK - A NORWEGIAN DELICACY WITH HISTORICAL ROOTS

Lutefisk is a unique Norwegian dish with deep historical roots and is highly valued as part of Norwegian culinary tradition. This special fish has an intriguing preparation process that has been a tradition for generations.

History and Origin:
Lutefisk has a long history in Norway and has been enjoyed for several hundred years. Originally, fish was air-dried in the cold Nordic air to preserve it. Later, in the 16th and 17th centuries, the method of using lye to treat dried fish was developed, and this is how lutefisk as we know it today came to be. The process involves soaking dried fish in a mixture of water and lye (a water solution of potassium hydroxide), giving the fish a gelatinous texture and a distinctive flavor.

Preparation Process:
Preparing lutefisk can be considered an art form. The fish is usually dried fish, but it can also be cod or pollack. Before cooking, the fish needs to be soaked in cold water for several days to remove the lye. Then it is boiled in a special lutefisk pot in the oven, giving it a soft and gelatinous texture. Many Norwegians serve lutefisk with pea stew, bacon, potatoes, and mustard sauce.

Recipe for Lutefisk with Traditional Pea Stew:

Ingredients:
- 1 kg lutefisk (dried fish or fresh cod)
- 1 liter water

- 2 ss lut (kaliumhydroksid)
- 500 g tørkede erter
- 2 dl fløte
- 2 ss smør
- Salt og pepper etter smak

Tilberedning:
1. Bløtlegg lutefisken i kaldt vann i 3-4 dager, og skift vannet daglig.
2. Løs opp lut i 1 liter vann i en stor bolle. Legg lutefisken i løsningen i 2 dager for å lutbehandle den.
3. Skyll fisken godt i kaldt vann før matlagingen.
4. Forvarm ovnen til 175 °C. Legg lutefisken i en lutefiskgryte eller en ildfast form.
5. Dekk formen med lokk eller aluminiumsfolie, og stek i ovnen i 30-40 minutter til fisken er gjennomkokt og myk. Pass på at den ikke blir tørr.
6. Kok ertene etter anvisningen på pakken, og mos dem grovt med en potetmoser. Tilsett fløte, smør, salt og pepper, og varm opp til sausen blir kremaktig.
7. Server lutefisken sammen med den tradisjonelle ertestuingen, bacon, kokte poteter og sennepssaus.

Lutefisk er en smakfull delikatesse som feires i mange norske hjem, spesielt rundt juletider. Den har en spesiell tekstur og smak som har fascinert nordmenn i århundrer, og den er en viktig del av norsk matkultur.

- 2 tbsp lye (potassium hydroxide)
- 500 g dried peas
- 2 dl cream
- 2 tbsp butter
- Salt and pepper to taste

Preparation:
1. Soak the lutefisk in cold water for 3-4 days, changing the water daily.
2. Dissolve lye in 1 liter of water in a large bowl. Place the lutefisk in the solution for 2 days to treat it with lye.
3. Rinse the fish thoroughly in cold water before cooking.
4. Preheat the oven to 175°C. Place the lutefisk in a lutefisk pot or a baking dish.
5. Cover the dish with a lid or aluminum foil and bake in the oven for 30-40 minutes until the fish is fully cooked and tender. Be careful not to let it dry out.
6. Cook the peas according to the instructions on the package and mash them coarsely with a potato masher. Add cream, butter, salt, and pepper, and heat until the sauce becomes creamy.
7. Serve the lutefisk with the traditional pea stew, bacon, boiled potatoes, and mustard sauce.

Lutefisk is a flavorful delicacy celebrated in many Norwegian homes, especially during the Christmas season. It has a unique texture and taste that has fascinated Norwegians for centuries, making it an essential part of Norwegian culinary heritage.

Lut - Lye (potassium hydroxide)
Bløtlegg - Soak   Kremaktig - Creamy
Geléaktig - Gelatinous
Lutbehandle - Treat with lye
Ertestuing - Pea stew   Kokte poteter - Boiled potatoes
Ildfast form - Fireproof dish (baking dish)
Pass på - Be careful

ELGEN - NORGES MAJESTETISKE SKOGSKONGE

Elgen, også kjent som skogens konge, er et imponerende dyre med en viktig rolle i norsk natur og kultur. Dette majestetiske pattedyret er et symbol på den norske villmarken og er en av de mest karakteristiske og fascinerende dyrene som finnes i Norge.

Beskrivelse og Utseende:
Elgen er den største hjortedyrarten i verden, og den norske underarten, også kalt skogselg, er intet unntak. Den kan veie opp til 700 kilo og ha en skulderhøyde på over to meter. Hannene er kjent for de store gevirene som de bruker til å imponere hunnene og til å markere sitt territorium. Elgens kropp er robust og kraftig, og den har en karakteristisk lang snute og et bredt muleparti. Pelsen er mørkebrun og tett, noe som gir elgen god beskyttelse mot det kalde nordiske klimaet.

Levested og Atferd:
Elgen trives i skogsområder, barskoger og myrlendte områder i store deler av Norge. Den er et planteetende dyr og beiter på løv, grener, bark og urter. Om vinteren beiter den på kvister og grener under snøen. Elgen er et utpreget skumringsdyr og er mest aktiv om morgenen og kvelden. Den er kjent for å være sky og forsiktig, men kan bli aggressiv og beskyttende hvis den føler seg truet, spesielt hvis den har kalver.

Rolle i Norsk Kultur:
Elgen har en spesiell plass i norsk kultur og tradisjon. Den er et symbol på den norske villmarken og er en kilde til stolthet og identitet for mange nordmenn.

THE MOOSE - NORWAY'S MAJESTIC FOREST KING

The moose, also known as the king of the forest, is an impressive animal with a significant role in Norwegian nature and culture. This majestic mammal is a symbol of the Norwegian wilderness and is one of the most distinctive and fascinating animals found in Norway.

Description and Appearance:
The moose is the largest deer species in the world, and the Norwegian subspecies, also known as the forest moose, is no exception. It can weigh up to 700 kilograms and stand over two meters tall at the shoulder. Males are known for their large antlers, which they use to impress females and mark their territory. The moose's body is robust and powerful, with a distinctive long snout and a broad muzzle. Its fur is dark brown and dense, providing good protection against the cold Nordic climate.

Habitat and Behavior:
Moose thrive in forested areas, coniferous forests, and marshy regions in large parts of Norway. They are herbivores and graze on leaves, twigs, bark, and herbs. In winter, they feed on twigs and branches under the snow. The moose is primarily crepuscular, being most active in the morning and evening. It is known to be shy and cautious but can become aggressive and protective if it feels threatened, especially if it has calves.

Role in Norwegian Culture:
The moose holds a special place in Norwegian culture and tradition. It is a symbol of the Norwegian wilderness and a source of pride and identity for many Norwegians.

Elgen har også en viktig rolle i norsk folketradisjon og eventyr, der den ofte blir fremstilt som både vennligsinnede og skumle skikkelser. Elgens bilde er også vanlig på suvenirer, kunstverk og nasjonale symboler.

Bevaring og Forvaltning:
På grunn av sin betydning i norsk natur og kultur, er elgen et viktig fokusområde for bevaring og forvaltning. Elgbestanden overvåkes nøye, og jaktreguleringer er etablert for å sikre at bestanden ikke blir overbelastet. Elgjakt er en populær aktivitet blant norske jegere, og det arrangeres også egne jaktturer for utenlandske jegere.

Konklusjon:
Elgen er en majestetisk skapning som beriker den norske naturen og kulturen. Som skogens konge har den en unik rolle som symbol og kilde til stolthet for nordmenn. Gjennom bærekraftig forvaltning og bevaringsinnsats sikrer Norge at elgen vil fortsette å være en viktig del av landets naturlige arv for kommende generasjoner.

The moose also plays a significant role in Norwegian folklore and fairytales, often portrayed as both friendly and fearsome creatures. Images of moose are common on souvenirs, artworks, and national symbols.

Conservation and Management:
Due to its significance in Norwegian nature and culture, the moose is an essential focus area for conservation and management. The moose population is closely monitored, and hunting regulations are established to ensure that the population is not overburdened. Moose hunting is a popular activity among Norwegian hunters, and there are also specific hunting trips organized for foreign hunters.

Conclusion:
The moose is a majestic creature that enriches Norwegian nature and culture. As the king of the forest, it plays a unique role as a symbol and a source of pride for Norwegians. Through sustainable management and conservation efforts, Norway ensures that the moose will continue to be an integral part of the country's natural heritage for generations to come.

Skogselg - Forest moose   Villmarken - Wilderness
Skulderhøyde - Shoulder height
Hannene - Males
Gevir - Antlers
Myrlendte områder - Marshy areas
Skumringsdyr - Crepuscular animal
Forsiktig - Cautious
Bærekraftig forvaltning - Sustainable management
Overbelastet - Overburdened
Jegere - Hunters
Bevaringsinnsats - Conservation efforts
Nordmenn - Norwegians
Eventyr - Fairytales
Skikkelser - Creatures

OTER - NORGES LIVLIGE VANDRENDE JEGER

Oteren, også kjent som den livlige vandrende jegeren, er et sjarmerende og fascinerende dyr som finnes i Norges vassdrag og kystområder. Med sitt lekne vesen og smidige svømmeferdigheter har oteren en spesiell plass i norsk natur og kultur.

Beskrivelse og Utseende:
Oteren er et mellomstort rovpattedyr og tilhører mårfamilien. Den har en langstrakt kropp, korte bein, og en muskuløs hale som fungerer som en roret når den svømmer. Pelsen er tett og vanntett, og den varierer i farger fra mørkebrun til lysebrun, avhengig av årstiden. Oterens ansikt er søtt og har små øyne og ører. Den har også sensitive barter som hjelper den med å finne mat under vann.

Levested og Atferd:
Oteren trives i ferskvannsmiljøer som innsjøer, elver, og bekker, samt langs kysten og fjordene. Den er en dyktig svømmer og kan tilbringe mye tid under vann på jakt etter mat. Oteren har et variert kosthold og spiser fisk som laks, ørret, og sik, samt smådyr som krabber, mus, og fugleegg. Den fanger ofte byttet sitt med forbeina, og spiser det deretter på en stein eller en flytende plattform.

Reproduksjon og Familier:
Oteren er kjent for å være monogam og danne langvarige parforhold. Paringen skjer vanligvis om våren, og etter en drektighetstid på omtrent to måneder, føder hunnen vanligvis to til tre unger. Oterungene følger tett etter moren sin når de er unge, og de lærer viktige overlevelsesferdigheter som jakt og svømming. Familien holder sammen i omtrent ett år før ungene blir selvstendige.

OTTERS - NORWAY'S LIVELY AQUATIC HUNTER

The otter, also known as the lively aquatic hunter, is a charming and fascinating animal found in Norway's waterways and coastal areas. With its playful nature and agile swimming skills, the otter holds a special place in Norwegian nature and culture.

Description and Appearance:
The otter is a medium-sized carnivorous mammal belonging to the mustelid family. It has a slender body, short legs, and a muscular tail that acts as a rudder when swimming. The fur is dense and waterproof, varying in color from dark brown to light brown depending on the season. The otter's face is cute, with small eyes and ears. It also has sensitive whiskers that help it locate food underwater.

Habitat and Behavior:
Otters thrive in freshwater environments such as lakes, rivers, and streams, as well as along the coast and fjords. They are skillful swimmers and can spend a lot of time underwater, hunting for food. The otter has a varied diet and eats fish such as salmon, trout, and whitefish, as well as small animals like crabs, mice, and bird eggs. It often catches its prey with its forepaws and then eats it on a rock or a floating platform.

Reproduction and Families:
Otters are known to be monogamous and form long-lasting pair bonds. Mating usually occurs in the spring, and after a gestation period of about two months, the female typically gives birth to two to three cubs. Otter cubs stay close to their mother when young, learning important survival skills such as hunting and swimming. The family stays together for about a year before the cubs become independent.

Rolle i Norsk Natur og Kultur:
Oteren har en viktig rolle i norsk natur og økosystemer. Som toppkonsument i vassdragene, hjelper oteren til å regulere bestanden av fisk og smådyr. Oteren er også et populært dyr blant nordmenn og turister, som ofte drar på båtturer og kajakkpadling for å oppleve dette sjarmerende dyret i sitt naturlige habitat.

Bevaring og Trusler:
Selv om oterbestanden i Norge er relativt stabil, står oteren overfor trusler som habitatødeleggelse og forurensning av vannmiljøet. Derfor er bevaring av oterens naturlige leveområder og vannkvalitet viktig for å sikre at dette fascinerende dyret fortsetter å berike den norske naturen for kommende generasjoner.

Role in Norwegian Nature and Culture:
Otters play an important role in Norwegian nature and ecosystems. As top predators in waterways, otters help regulate fish and small animal populations. Otters are also popular among Norwegians and tourists, who often go on boat trips and kayaking to experience this charming animal in its natural habitat.

Conservation and Threats:
While the otter population in Norway is relatively stable, otters face threats such as habitat destruction and water pollution. Therefore, conserving otter's natural habitats and water quality is crucial to ensure that this fascinating animal continues to enrich Norwegian nature for future generations.

Vandrende - Wandering
Mårfamilien - Mustelid family
Drektighetstid - Gestation period
Overlevelsesferdigheter - Survival skills
Toppkonsument - Top predator
Leveområder - Habitats
Vannmiljøet - Water environment
Bestanden - Population
Ferskvannsmiljøer - Freshwater environments
Variert kosthold - Varied diet
Bekker - Streams
Monogam - Monogamous
Parforhold - Pair bonds
Vassdragene - Waterways
Kajakkpadling - Kayaking

BEVEREN - NORGES FLITTIGE VANNBYGGER

Beveren, også kjent som Norges flittige vannbygger, er et imponerende pattedyr som har en viktig rolle i norsk natur og økosystemer. Med sine unike egenskaper og karakteristiske levevis, har beveren fascinert mennesker i århundrer.

Beskrivelse og Utseende:
Beveren er det største gnagerdyret i Europa og har en robust kropp med korte bein og en bred hale. Den karakteristiske halen brukes som styringsmiddel når beveren svømmer og som balansemiddel når den står på to bein. Pelsen er tett og vanntett, og varierer i farger fra mørkebrun til svart. Beveren har også store skarpe tenner som den bruker til å gnage på tre og bygge dammer.

Leveområder og Atferd:
Beveren trives i nærheten av ferskvann, som innsjøer, elver, og bekker. Den er en dyktig svømmer og kan dykke ned til flere meter for å finne mat eller byggematerialer. Beveren er kjent for sitt evne til å bygge komplekse dammer og hytter ved å felle trær og samle kvister, grener, og gjørme. Dammen fungerer som bolig og gir beveren tilgang til trygg matforsyning om vinteren.

Reproduksjon og Familier:
Beveren lever i familiegrupper som består av en monogamisk voksen par, kalt foreldreparet, og deres unger. Paringen skjer om våren, og etter en drektighetstid på omtrent tre måneder, føder hunnen vanligvis to til fire unger. Beverungene blir født med pels og åpne øyne, og de er aktive og nysgjerrige fra fødselen av. De lærer viktige ferdigheter ved å observere og etterligne foreldrene sine.

BEAVERS - NORWAY'S INDUSTRIOUS WATER BUILDERS

The beaver, also known as Norway's industrious water builder, is an impressive mammal that plays a crucial role in Norwegian nature and ecosystems. With its unique characteristics and distinctive way of life, the beaver has fascinated people for centuries.

Description and Appearance:
The beaver is the largest rodent in Europe and has a robust body with short legs and a broad tail. The distinctive tail is used as a steering device when the beaver swims and as a balancing tool when it stands on its hind legs. The fur is dense and waterproof, varying in colors from dark brown to black. Beavers also have large sharp teeth that they use to gnaw on trees and build dams.

Habitat and Behavior:
Beavers thrive near freshwater, such as lakes, rivers, and streams. They are skillful swimmers and can dive down several meters to find food or building materials. Beavers are known for their ability to build complex dams and lodges by felling trees and gathering sticks, branches, and mud. The dam serves as their home and provides the beavers with access to a secure food supply during winter.

Reproduction and Families:
Beavers live in family groups that consist of a monogamous adult pair, called the parent pair, and their offspring. Mating occurs in the spring, and after a gestation period of about three months, the female typically gives birth to two to four kits. Beaver kits are born with fur and open eyes, and they are active and curious from birth. They learn important skills by observing and imitating their parents.

Rolle i Norsk Natur og Kultur:
Beveren har en betydningsfull rolle i norsk natur og
økosystemer. Som lands største gnager, er beveren en
sentral økologisk aktør, og dens aktiviteter har positive
effekter på landskapet ved å skape våtmarker som gir liv til
mange andre dyre- og plantearter. I tillegg har beveren en
historisk rolle i norsk kultur, og den har blitt portrettert i
folketradisjoner og eventyr.

Bevaring og Trusler:
Beverbestanden i Norge har hatt en betydelig økning de
siste årene, og beveren er nå fredet. Imidlertid møter den
fortsatt trusler som habitatødeleggelse og trafikkulykker.
Det er derfor viktig å fortsette med bevaringstiltak for å sikre
at beveren forblir en verdifull del av den norske naturen og
kulturen for fremtidige generasjoner.

Role in Norwegian Nature and Culture:
Beavers play a significant role in Norwegian nature and ecosystems. As the country's largest rodent, the beaver is a central ecological player, and its activities have positive effects on the landscape by creating wetlands that support many other animal and plant species. Additionally, the beaver has a historical role in Norwegian culture and has been portrayed in folklore and fairytales.

Conservation and Threats:
The beaver population in Norway has significantly increased in recent years, and beavers are now protected. However, they still face threats such as habitat destruction and traffic accidents. Therefore, it is essential to continue conservation efforts to ensure that the beaver remains a valuable part of Norwegian nature and culture for future generations.

Gnagerdyret - Rodent
Skarpe tenner - Sharp teeth
Våtmarker - Wetlands
Barter - Whiskers
Verdifull - Valuable
Nysgjerrige - Curious
Ferskvann - Freshwater
Kull - Kits (baby beavers)

VILLREIN - NORGES EGEN ARKTISKE NAVIGATØR

Villreinen, også kjent som Norges egen arktiske navigatør, er et imponerende dyre som lever i de nordlige delene av Norge og har en dyp forankring i norsk kultur og historie. Med sitt robuste utseende og unike evne til å overleve i det barske arktiske klimaet, har villreinen spilt en viktig rolle i norsk natur og folketradisjoner i århundrer.

Beskrivelse og Utseende:
Villreinen er en stor hjortedyrart som er tilpasset det kalde og karrige arktiske miljøet. Den har et karakteristisk utseende med et stort hode, kraftige bein og store, forgrenede gevir. Vinterpelsen er tykk og isolerende, og fargen varierer fra lys grå til mørk brun. Om sommeren skifter pelsen til en mer gråbrun farge. Både hannene og hunnene har gevir, men hannenes gevir er vanligvis større og mer imponerende.

Levested og Atferd:
Villreinen trives i de barske og utilgjengelige fjellområdene i Nord-Norge. Den har en unik evne til å navigere og finne veien gjennom de utfordrende landskapene, og dens årlige vandringer er imponerende. Villreinen er en planteetende dyre og beiter på gress, lav, og andre arktiske planter. Om vinteren må den grave i snøen for å finne mat. Villreinen er også godt tilpasset de lange, kalde vintrene og har en tykk pels som gir beskyttelse mot kulde og vind.

Rolle i Norsk Natur og Kultur:
Villreinen har en dyp forankring i norsk natur og kultur. Som en viktig del av økosystemet i Nord-Norge, er villreinen med på å forme landskapet og bidra til økosystemets balanse. I tillegg har villreinen spilt en betydelig rolle i norsk folketradisjon og historie.

REINDEER - NORWAY'S ARCTIC NAVIGATOR

The reindeer, also known as Norway's own arctic navigator, is an impressive animal that inhabits the northern parts of Norway and holds a deep connection to Norwegian culture and history. With its robust appearance and unique ability to survive in the harsh arctic climate, the reindeer has played a vital role in Norwegian nature and folklore for centuries.

Description and Appearance:
The reindeer is a large deer species adapted to the cold and barren arctic environment. It has a distinctive appearance with a large head, powerful legs, and large, branched antlers. The winter coat is thick and insulating, ranging in color from light gray to dark brown. In the summer, the coat changes to a more gray-brown color. Both males and females have antlers, but the males' antlers are usually larger and more impressive.

Habitat and Behavior:
Reindeer thrive in the rugged and inaccessible mountain areas of Northern Norway. They possess a unique ability to navigate and find their way through challenging landscapes, and their annual migrations are impressive. The reindeer is a herbivorous animal and grazes on grass, lichen, and other arctic plants. During the winter, it must dig through the snow to find food. The reindeer is well adapted to the long, cold winters and has a thick coat that provides protection against the cold and wind.

Role in Norwegian Nature and Culture:
Reindeer have a deep connection to Norwegian nature and culture. As a crucial part of the ecosystem in Northern Norway, reindeer shape the landscape and contribute to the balance of the ecosystem. Additionally, reindeer have played a significant role in Norwegian folklore and history.

Den har blitt portrettert i eventyr og myter, og den har vært
en viktig kilde til mat, klær og andre nødvendigheter for
samiske folk og nordmenn som lever i nordlige regioner.

Bevaring og Trusler:
Villreinbestanden i Norge er nøye overvåket og beskyttet for
å sikre dens overlevelse. Trusler som klimaendringer,
økende menneskelig aktivitet og inngrep i leveområder er
fortsatt bekymringer. Derfor er det viktig å fortsette
bevaringsinnsatsen for å sikre at villreinen fortsetter å være
en verdifull del av norsk natur og kultur for fremtidige
generasjoner.

They have been portrayed in fairytales and myths and have been an important source of food, clothing, and other necessities for the Sami people and Norwegians living in northern regions.

Conservation and Threats:
The reindeer population in Norway is closely monitored and protected to ensure its survival. Threats such as climate change, increasing human activity, and encroachment on their habitats are still concerns. Therefore, it is essential to continue conservation efforts to ensure that the reindeer remains a valuable part of Norwegian nature and culture for future generations.

Karrige - Barren
Forgrenede - Branched
Planteetende - Herbivorous
Vandringer - Migrations
Gråbrun - Gray-brown
Leveområder - Habitats
Bevaringsinnsatsen - Conservation efforts
Inngrep - Encroachment
Overvåket - Monitored
Klimaendringer - Climate change
Kilde - Source

JO NESBØ - EN MESTER I NORDISK KRIMINALLITTERATUR

Jo Nesbø er en anerkjent norsk forfatter og musiker, best kjent for sine gripende krimromaner som er satt i de mørke og stemningsfulle landskapene i Skandinavia. Født 29. mars 1960 i Oslo, kombinerer Nesbøs skrivestil intrikate plott, komplekse karakterer og psykologisk dybde, noe som gjør ham til en fremtredende skikkelse i nordisk kriminallitteratur.

Nesbøs tidlige liv var mangfoldig, da han forfulgte både en karriere innen musikk og studier i økonomi. Han spilte som en vellykket fotballspiller i Norges toppdivisjon før han kastet seg ut i musikk med sitt band, Di Derre. Selv om hans musikalske karriere var vellykket, førte Nesbøs lidenskap for skriving til at han skapte den ikoniske karakteren, etterforsker Harry Hole.

Den første romanen med Harry Hole, "Flaggermusmannen," ble publisert i 1997. Dette markerte begynnelsen på Nesbøs litterære reise, med karakteren Harry Hole som fengslet lesere over hele verden. Hole er en kompleks og feilbarlig etterforsker som blir hovedpersonen i flere av Nesbøs påfølgende romaner.

Gjennom hele karrieren har Jo Nesbø skrevet en rekke fengslende krimthrillere som ofte går inn i de mørkere sidene av menneskets natur. Hans bøker roses for deres intrikate plott, intense spenning og unike skandinaviske miljø. Titler som "Snømannen," "Rødstrupe," "Sorgenfri" og "Tørst" har blitt internasjonale bestselgere og fått kritikerros.

JO NESBØ - A MASTER OF NORDIC CRIME FICTION

Jo Nesbø is a renowned Norwegian author and musician, best known for his gripping crime novels set in the dark and atmospheric landscapes of Scandinavia. Born on March 29, 1960, in Oslo, Nesbø's writing style combines intricate plots, complex characters, and psychological depth, making him a prominent figure in the world of Nordic crime fiction.

Nesbø's early life was diverse, as he pursued both a career in music and studies in economics. He played as a successful footballer in Norway's top league before venturing into music with his band, Di Derre. While his musical career was successful, Nesbø's passion for writing led him to create the iconic character, Detective Harry Hole.

The first novel featuring Harry Hole, "The Bat," was published in 1997. This marked the beginning of Nesbø's literary journey, with the character of Harry Hole captivating readers worldwide. Hole is a complex and flawed detective who becomes the protagonist of several of Nesbø's subsequent novels.

Throughout his career, Jo Nesbø has penned a series of compelling crime thrillers that often delve into the darker aspects of human nature. His books are praised for their intricate plots, intense suspense, and unique Scandinavian setting. Titles such as "The Snowman," "The Redbreast," "Nemesis," and "The Thirst" have become international bestsellers and gained critical acclaim.

Nesbøs skriving har høstet mange priser og anerkjennelse, inkludert Riverton-prisen, Glassnøkkelen og den prestisjetunge Bokhandlerprisen. Hans bøker er oversatt til over 50 språk, noe som ytterligere forsterker hans posisjon som en global litterær sensasjon.

I tillegg til Harry Hole-serien har Nesbø også skrevet frittstående romaner, noe som viser hans allsidighet som forfatter. Verker som "Hodejegerne" og "Sønnen" har fått like stor anerkjennelse og har blitt til vellykkede filmer og TV-serier.

Utover hans litterære prestasjoner er Jo Nesbø også en dyktig barnebokforfatter og har skrevet den populære serien "Doktor Proktors prompepulver."

Utover suksessen som romanforfatter fortsetter Nesbø å utøve sin dedikasjon til historiefortelling også i musikken. Han har gitt ut flere album med Di Derre, som viser hans talent som sanger-låtskriver.

Jo Nesbøs påvirkning på kriminallitteraturgenren er betydelig. Hans evne til å skape gripende fortellinger, komplekse karakterer og stemningsfulle miljøer har gjort ham til en ekte mester av nordisk noir. Med sitt talent og kreativitet fortsetter Nesbø å fengsle lesere over hele verden, og de venter spent på hans neste spennende historie full av intriger og mysterier.

Nesbø's writing has garnered numerous awards and recognition, including the Riverton Prize, Glass Key Award, and the prestigious Norwegian Booksellers' Prize. His books have been translated into over 50 languages, further solidifying his position as a global literary sensation.

Apart from the Harry Hole series, Nesbø has also written stand-alone novels, showcasing his versatility as a writer. Works such as "Headhunters" and "The Son" have received equal acclaim and have been adapted into successful films and television series.

In addition to his success as a novelist, Jo Nesbø is also an accomplished writer of children's books, having penned the popular "Doctor Proctor's Fart Powder" series.

Beyond his literary accomplishments, Nesbø's dedication to storytelling extends to his music as well. He has released several albums with Di Derre, showcasing his talents as a singer-songwriter.

Jo Nesbø's impact on the crime fiction genre cannot be overstated. His ability to create gripping narratives, complex characters, and atmospheric settings has made him a true master of Nordic noir. With his talent and creativity, Nesbø continues to captivate readers worldwide, leaving them eagerly awaiting his next thrilling tale of suspense and intrigue.

Fengslet - Captivated   Allsidighet - Versatility
Stemningsfulle - Atmospheric
Frittstående - Stand-alone
Spenning - Suspense
Fuglehund - Bird dog (a type of hunting dog)
Fornøyelig - Enjoyable
Inntrykk - Impression
Fornuft - Reason

LANGRENN - NORSK VINTERIDRETT OG NATURGLEDE

Langrenn, også kalt ski-gåing, er en av de mest populære vintersportene i Norge, og det er en aktivitet som forener folk i alle aldre. Denne tradisjonelle vintersporten har dype røtter i den norske kulturen og har vært en kilde til glede og rekreasjon gjennom generasjoner.

Langrenn har en lang historie i Norge, og det er antatt å ha blitt utviklet som et transportmiddel i den nordiske regionen for tusenvis av år siden. Skiteknikken har utviklet seg over tid, og i dag er langrenn en moderne idrett som kombinerer fysisk aktivitet med naturopplevelser.

Den norske naturen gir det ideelle terrenget for langrenn, med et nettverk av godt preparerte løyper som strekker seg over hele landet. Fra fjellene til skogene og kystområdene, kan langrennsløpere oppleve den spektakulære naturen Norge har å tilby, med snødekte fjelltopper og vakre fjorder som danner en majestetisk bakgrunn.

Langrenn er ikke bare en konkurranseidrett, men også en aktivitet som bringer folk sammen og skaper fellesskap. Familier og venner drar ofte ut på skitur sammen, hvor de kan nyte naturen, frisk luft og hverandres selskap. Mange skiturer avsluttes med en koselig pause ved et bål eller i en hytte, hvor man kan nyte varm drikke og deilige matretter.

Skikjøring på ski har også en terapeutisk effekt på sinnet, og det er en flott måte å stresse ned og slappe av i naturen.

CROSS COUNTRY SKIING - NORWEGIAN WINTER SPORT AND NATURE ENJOYMENT

Cross country skiing, also known as ski walking, is one of the most popular winter sports in Norway, uniting people of all ages. This traditional winter activity has deep roots in Norwegian culture and has been a source of joy and recreation for generations.

Cross country skiing has a long history in Norway and is believed to have been developed as a means of transportation in the Nordic region thousands of years ago. Skiing techniques have evolved over time, and today, cross country skiing is a modern sport that combines physical activity with nature experiences.

Norway's natural landscape provides the ideal terrain for cross country skiing, with a network of well-prepared trails stretching across the country. From the mountains to the forests and coastal areas, cross country skiers can experience the spectacular nature that Norway has to offer, with snow-covered mountain peaks and beautiful fjords forming a majestic backdrop.

Cross country skiing is not just a competitive sport but also an activity that brings people together and fosters a sense of community. Families and friends often go on ski trips together, where they can enjoy nature, fresh air, and each other's company. Many ski trips end with a cozy break by a campfire or in a cabin, where one can enjoy warm drinks and delicious dishes.

Skiing on skis also has a therapeutic effect on the mind and is a great way to de-stress and relax in nature.

Å bevege seg rolig på ski gjennom skogen eller over snødekte sletter gir en unik følelse av ro og tilstedeværelse.

Langrenn har også en viktig rolle som en konkurranseidrett i Norge. Det arrangeres jevnlig skirenn og langrennsløp på nasjonalt og internasjonalt nivå, hvor både amatører og profesjonelle idrettsutøvere deltar. Norske langrennsløpere har en stolt tradisjon med å konkurrere i verdenscupen og olympiske vinterleker, og de har vunnet mange prestisjefylte medaljer.

Langrenn har også bidratt til å utvikle norske idrettsstjerner som Bjørn Dæhlie, Marit Bjørgen og Petter Northug, som har blitt nasjonale helter og inspirasjonskilder for unge utøvere.

For mange nordmenn er langrenn en livsstil og en måte å omfavne den norske vinteren på. Uansett alder eller ferdighetsnivå, kan alle delta i denne vakre og givende vintersporten.

Langrenn er mer enn bare en fysisk aktivitet - det er en måte å oppleve naturen på, utfordre seg selv og oppleve den norske vinteren på sitt beste. Det er ingen tvil om at langrenn er en av Norges mest kjære tradisjoner og en kilde til stolthet for det norske folk.

Moving slowly on skis through the forest or across snow-covered plains provides a unique sense of peace and presence.

Cross country skiing also plays an important role as a competitive sport in Norway. Ski races and cross country competitions are regularly held at national and international levels, with both amateurs and professional athletes participating. Norwegian cross country skiers have a proud tradition of competing in the World Cup and Olympic Winter Games, and they have won many prestigious medals.

Cross country skiing has also contributed to developing Norwegian sports stars such as Bjørn Dæhlie, Marit Bjørgen, and Petter Northug, who have become national heroes and sources of inspiration for young athletes.

For many Norwegians, cross country skiing is a lifestyle and a way to embrace the Norwegian winter. Regardless of age or skill level, everyone can participate in this beautiful and rewarding winter sport.

Cross country skiing is more than just physical activity - it's a way to experience nature, challenge oneself, and enjoy the Norwegian winter at its best. There is no doubt that cross country skiing is one of Norway's most cherished traditions and a source of pride for the Norwegian people.

Ski-gåing - Ski walking (cross country skiing)
Dypt forankret - Deeply rooted
Bål - Campfire
Ferdighetsnivå - Skill level
Konkurranseidrett - Competitive sport
Skirenn - Ski races
Fjellheimen - Mountain wilderness
Givende - Rewarding

NORSK SUKSESS VED VINTER-OL - SKIGLEDE OG MEDALJEFANGST

Norge har en stolt tradisjon for suksess ved Vinter-OL, og landets skiløpere har gjort seg bemerket på verdensarenaen gjennom mange tiår. Den norske deltakelsen ved de olympiske vinterleker har vært preget av dedikasjon, lidenskap og en dyp forankring i den norske skikulturen.

Med sin unike geografi og lange vintermåneder har Norge en naturlig fordel for vinteridretter, og særlig innen skisportene har landet høstet stor suksess. Langrenn, alpint, skihopp, skøyter og kombinert er noen av de disiplinene hvor norske utøvere har utmerket seg.

Langrenn har vært en bærebjelke for norsk olympisk suksess, og skiløpere som Bjørn Dæhlie, Marit Bjørgen og Therese Johaug har vært sentrale aktører i Norges medaljefangst. Deres utholdenhet og tekniske ferdigheter har ført til en rekke triumfer og inspirert en hel nasjon.

I alpint har Norge også hatt stor suksess, spesielt i disiplinene slalåm og storslalåm. Skiløpere som Aksel Lund Svindal, Kjetil Andre Aamodt og Lasse Kjus har vært pionerer innen alpinsporten og har vunnet flere olympiske medaljer.

Skihopp er en annen idrett hvor Norge har dominert ved Vinter-OL. Med idrettsutøvere som Bjørn Wirkola, Espen Bredesen og Ole Gunnar Fidjestøl har norske hoppløpere satt standarden for teknikk og stil i internasjonal hoppsport.

NORWEGIAN SUCCESS AT THE WINTER OLYMPICS - SKIING JOY AND MEDAL HARVEST

Norway has a proud tradition of success at the Winter Olympics, and the country's skiers have made a name for themselves on the world stage for many decades. Norwegian participation in the Olympic Winter Games has been marked by dedication, passion, and a deep connection to the Norwegian ski culture.

With its unique geography and long winter months, Norway has a natural advantage for winter sports, and especially in skiing disciplines, the country has achieved great success. Cross-country skiing, alpine skiing, ski jumping, speed skating, and Nordic combined are some of the disciplines where Norwegian athletes have excelled.

Cross-country skiing has been a cornerstone of Norwegian Olympic success, and skiers like Bjørn Dæhlie, Marit Bjørgen, and Therese Johaug have been key players in Norway's medal harvest. Their endurance and technical skills have led to numerous triumphs and inspired an entire nation.

In alpine skiing, Norway has also had significant success, especially in the slalom and giant slalom disciplines. Skiers like Aksel Lund Svindal, Kjetil Andre Aamodt, and Lasse Kjus have been pioneers in alpine sports and have won multiple Olympic medals.

Ski jumping is another sport where Norway has dominated at the Winter Olympics. With athletes like Bjørn Wirkola, Espen Bredesen, and Ole Gunnar Fidjestøl, Norwegian ski jumpers have set the standard for technique and style in international ski jumping.

Skøyter har også gitt norske utøvere suksess, og skøyteløperne Hjalmar Andersen og Johann Olav Koss har høstet gullmedaljer og oppnådd legendarisk status for sine prestasjoner.

I kombinert, en kombinasjon av langrenn og skihopp, har Norge også hatt en sterk tilstedeværelse ved Vinter-OL. Kombinertløpere som Fred Børre Lundberg, Bjarte Engen Vik og Magnus Moan har vært blant verdens beste og har bidratt til norsk medaljefangst.

Norsk suksess ved Vinter-OL er ikke bare et resultat av talentfulle utøvere, men også av en hel nasjons engasjement i vinteridrettene. Skiglede og skikultur er dypt forankret i den norske befolkningen, og dette engasjementet og støtten fra publikum har bidratt til å motivere utøverne til å yte sitt aller beste på den internasjonale arenaen.

Vinter-OL har vært en arena for å feire norsk idrett og kultur, og norske utøvere har inspirert kommende generasjoner til å ta del i vinteridretten og strebe etter å nå nye høyder.

Med en stolt historie for suksess ved Vinter-OL og en pågående entusiasme for vinteridretter, vil Norge fortsette å være en betydelig aktør på den internasjonale idrettsscenen og videreføre sin tradisjon med å feire skiglede og medaljefangst.

Speed skating has also brought success to Norwegian athletes, with skaters Hjalmar Andersen and Johann Olav Koss earning gold medals and achieving legendary status for their performances.

In Nordic combined, a combination of cross-country skiing and ski jumping, Norway has also had a strong presence at the Winter Olympics. Nordic combined skiers like Fred Børre Lundberg, Bjarte Engen Vik, and Magnus Moan have been among the world's best and have contributed to Norway's medal haul.

Norwegian success at the Winter Olympics is not only the result of talented athletes but also of an entire nation's engagement in winter sports. Skiing joy and ski culture are deeply rooted in the Norwegian population, and this enthusiasm and support from the public have motivated the athletes to perform at their best on the international stage.

The Winter Olympics have been a platform to celebrate Norwegian sports and culture, and Norwegian athletes have inspired future generations to take part in winter sports and strive to reach new heights.

With a proud history of success at the Winter Olympics and an ongoing enthusiasm for winter sports, Norway will continue to be a significant player on the international sports scene and carry forward its tradition of celebrating skiing joy and collecting medals.

Skiløpere - Skiers   Utforske - Strive for
Medaljefangst - Medal harvest
Storslalåm - Giant slalom   Betydelig - Significant
Tilstedeværelse - Presence
Kombinert - Nordic combined
Medaljehøst - Medal haul   Høyder - Heights
Pågående - Ongoing

"SKAM" - EN REVOLUSJONERENDE NORSK TV-SERIE SOM TOK VERDEN MED STORM

"Skam" er en norsk TV-serie som har fått internasjonal anerkjennelse og hyllest for sin realistiske fremstilling av ungdomsliv og aktuelle temaer. Serien ble produsert av NRK og hadde premiere i 2015, og den har siden blitt en kulturell fenomen som har fanget oppmerksomheten til publikum over hele verden.

Handlingen i "Skam" sentrerer seg rundt en gruppe tenåringer på Hartvig Nissen videregående skole i Oslo. Hver sesong fokuserer på en av hovedpersonene og utforsker deres personlige utfordringer, forhold og identitet. Serien tar opp viktige temaer som seksualitet, psykisk helse, kroppspress, mobbing og likestilling på en måte som resonnerer med seere av alle aldre.

Det som gjorde "Skam" revolusjonerende var dens bruk av sosiale medier og real-time tilnærming. NRK publiserte klipp og innlegg på karakterenes fiktive sosiale medieprofiler i sanntid, noe som gjorde at seerne følte at de fulgte livene til karakterene i det virkelige liv. Denne interaktive tilnærmingen skapte en unik opplevelse og førte til at serien ble en samtalestarter på nettet.

Skuespillerprestasjonene i "Skam" var en annen faktor som bidro til seriens suksess. Skuespillerne leverte autentiske og følelsesladde forestillinger, noe som gjorde karakterene troverdige og relaterbare for publikum. Julie Andem, skaperen av serien, ble også anerkjent for sin evne til å skape dybde og kompleksitet i karakterene.

"SKAM" - A REVOLUTIONARY NORWEGIAN TV SERIES THAT TOOK THE WORLD BY STORM

"Skam" is a Norwegian TV series that has received international recognition and acclaim for its realistic portrayal of youth life and current issues. The series was produced by NRK and premiered in 2015, and it has since become a cultural phenomenon that captured the attention of audiences worldwide.

The plot of "Skam" revolves around a group of teenagers at Hartvig Nissen High School in Oslo. Each season focuses on one of the main characters and explores their personal challenges, relationships, and identity. The series addresses important topics such as sexuality, mental health, body image, bullying, and gender equality in a way that resonates with viewers of all ages.

What made "Skam" revolutionary was its use of social media and real-time approach. NRK published clips and posts on the characters' fictional social media profiles in real-time, making viewers feel like they were following the characters' lives in real life. This interactive approach created a unique experience and made the series a conversation starter online.

The performances of the actors in "Skam" were another factor that contributed to the series' success. The actors delivered authentic and emotionally charged performances, making the characters believable and relatable to the audience. Julie Andem, the creator of the series, was also recognized for her ability to create depth and complexity in the characters.

"Skam" ble raskt en global suksess og vant en rekke priser, inkludert Gullruten for beste TV-drama. Den skapte en internasjonal fanskare, og seere utenfor Norge begynte å oversette og dele serien med engelske undertekster, slik at den kunne nå et enda større publikum.

På grunn av seriens popularitet og innflytelse ble "Skam" senere tilpasset til andre land, inkludert USA, Frankrike, Tyskland, Spania, og flere andre. Disse tilpasningene var også vellykkede og bidro til å spre seriens budskap og betydning på en global skala.

"Skam" har ikke bare underholdt publikum, men har også hatt en dyp og positiv innvirkning på samfunnet. Den har bidratt til å øke bevisstheten rundt viktige sosiale og psykiske helseproblemer blant ungdommer og har inspirert til åpenhet og dialog om disse temaene.

Med sin banebrytende tilnærming, autentiske skildringer, og relevante temaer har "Skam" etterlatt en varig arv i norsk TV-historie og har bidratt til å bringe norsk kultur og ungdomsliv til et globalt publikum. Serien vil fortsette å bli elsket og husket som en inspirerende og kulturell milepæl i norsk underholdning.

"Skam" quickly became a global success and won several awards, including the Gullruten for Best TV Drama. It created an international fanbase, and viewers outside of Norway began translating and sharing the series with English subtitles, reaching an even wider audience.

Due to the series' popularity and influence, "Skam" was later adapted in other countries, including the USA, France, Germany, Spain, and several others. These adaptations were also successful and helped spread the series' message and significance on a global scale.

"Skam" has not only entertained audiences but also had a profound and positive impact on society. It has contributed to raising awareness about important social and mental health issues among young people and has inspired openness and dialogue about these topics.

With its groundbreaking approach, authentic portrayals, and relevant themes, "Skam" has left a lasting legacy in Norwegian TV history and has contributed to bringing Norwegian culture and youth life to a global audience. The series will continue to be loved and remembered as an inspiring and cultural milestone in Norwegian entertainment.

Anerkjennelse - Recognition
Skildringer - Portray
Milepæl - Milestone
Bevissthet - Awareness
Forankring - Connection
Avsløring - Revelation
Livsutfordringer - Life challenges
Nettbasert - Online-based

"ASKELADDEN OG DE SYV GEITEKILLINGENE"

For lenge, lenge siden, i et lite hus i skogen, bodde det en fattig bondefamilie. De hadde tre sønner, og den yngste het Askeladden. Askeladden var alltid den minste og svakeste av brødrene sine, og han ble ofte oversett og undervurdert av alle rundt seg.

En dag bestemte faren seg for å sende sønnene sine ut i skogen for å lete etter mat, fordi de hadde nesten ingenting igjen å spise. Han ba dem om å være forsiktige og advarte dem om å ikke komme for nær den farlige trollskogen.

Brødrene dro av sted og begynte å lete etter mat, men snart ble de sultne og slitne. De fant ikke noe å spise, og de ble mer og mer fortvilet. Askeladden, som alltid var full av pågangsmot, bestemte seg for å gå dypere inn i skogen, i håp om å finne mat.

Mens han vandret alene, hørte han plutselig en svak stemme som ba om hjelp. Askeladden fulgte lyden og kom til et lite hus. Inne i huset fant han syv geitekillingene som var redde og alene. De hadde blitt stengt inne av den grusomme trollmoren som bodde i skogen.

Askeladden bestemte seg for å redde geitekillingene, selv om han visste at det var farlig. Han tenkte på hva moren hans alltid hadde sagt: "De minste kan også være de modigste."

Med listige triks klarte Askeladden å lure trollmoren ut av huset, og han frigjorde geitekillingene. De var så takknemlige og fortalte ham at han hadde reddet livet deres.

"ASKELADDEN AND THE SEVEN YOUNG GOATS"

Long, long ago, in a small house in the forest, lived a poor farmer's family. They had three sons, and the youngest was named Askeladden. Askeladden was always the smallest and weakest of his brothers, and he was often overlooked and underestimated by everyone around him.

One day, the father decided to send his sons into the forest to search for food because they had almost nothing left to eat. He warned them to be careful and not to go too close to the dangerous troll forest.

The brothers set off and began searching for food, but soon they became hungry and tired. They found nothing to eat, and they grew more and more desperate. Askeladden, always full of determination, decided to venture deeper into the forest in the hope of finding food.

While he was walking alone, he suddenly heard a faint voice calling for help. Askeladden followed the sound and came to a small house. Inside the house, he found seven young goats who were scared and alone. They had been locked inside by the cruel troll mother who lived in the forest.

Askeladden decided to rescue the young goats, even though he knew it was dangerous. He remembered what his mother always used to say: "The smallest can also be the bravest."

With cunning tricks, Askeladden managed to lure the troll mother out of the house, and he freed the young goats. They were so grateful and told him that he had saved their lives.

Geitekillingene ledet Askeladden til et magisk sted i skogen, hvor det var en hellig kilde. De sa at den som drakk av denne kilden, ville få alle sine ønsker oppfylt.

Askeladden visste nøyaktig hva han ønsket seg. Han ønsket seg nok mat til å mate hele familien sin, et vakkert hus å bo i, og en god utdanning slik at han kunne hjelpe til med å forbedre livet deres.

Da han drakk av den magiske kilden, skjedde miraklet. Familien hans ble plutselig velsignet med rikdom og lykke. De fikk et nytt hus, god mat og muligheten til å gå på skole.

Askeladden hadde vist at selv om han var den minste og svakeste, hadde han en enorm styrke inni seg. Han lærte at det er motet og viljen til å hjelpe andre som virkelig gjør en person til en helt.

Fra den dagen av ble Askeladden kjent som helten i skogen, og hans historie ble fortalt videre fra generasjon til generasjon som en påminnelse om at selv de mest uventede helter kan skape mirakler.

The young goats led Askeladden to a magical place in the forest, where there was a sacred spring. They said that whoever drank from this spring would have all their wishes come true.

Askeladden knew exactly what he wanted. He wished for enough food to feed his entire family, a beautiful house to live in, and a good education so that he could help improve their lives.

When he drank from the magical spring, a miracle happened. His family was suddenly blessed with wealth and happiness. They got a new house, good food, and the opportunity to go to school.

Askeladden had shown that even though he was the smallest and weakest, he had an enormous strength inside him. He learned that it is the courage and willingness to help others that truly make a person a hero.

From that day on, Askeladden became known as the hero of the forest, and his story was passed down from generation to generation as a reminder that even the most unexpected heroes can create miracles.

Askeladden - A famous character from Norwegian folklore, often referred to as "Ash Lad" in English translations.
 Geitekillingene - Young goats, specifically "kids" in English.
Trollmoren - The troll mother, a female troll.
Pågangsmot - Determination or perseverance.
Velsignet - Blessed.
Uventede - Unexpected.
Velsignelse - Blessing.

"TOR OG MIDGARDSORMEN - KAMPEN OM VERDENSHAVET"

I gamle tider, i det fjerne landet Asgard, levde den mektige guden Tor, sønn av Odin og Frigg. Tor var kjent for sin styrke og sitt voldsomme temperament, men han var også en beskytter av menneskene og gudenes rike.

En dag mens Tor gikk langs bredden av verdenshavet, ble han varslet av sin far, Odin, om en fryktelig trussel som lå i dypet av havet. Det var Midgardsormen, et gigantisk sjøuhyre som hadde forhekset havet med sin voldsomme størrelse og ondskap.

Tor, alltid klar for en utfordring, grep sin mektige hammer Mjølner og kastet den med enorm kraft mot Midgardsormen. Men uhyret var listig og unngikk slaget, skjult i dypet av havet. Tor var fast bestemt på å beseire Midgardsormen og gjenopprette freden i verdenshavet.

Dagen etter dro Tor til kysten igjen, og denne gangen ventet han tålmodig på Midgardsormen. Da uhyret reiste seg opp fra havet for å angripe, svingte Tor Mjølner i en kraftig sirkel og traff Midgardsormen med et slag som rystet hele jorden. Men selv denne kraftige slaget klarte ikke å ta livet av uhyret, og Midgardsormen trakk seg tilbake i dypet av havet.

Tor ble mer besatt av å beseire Midgardsormen og gikk på flere reiser for å jakte på uhyret. Men uansett hvor hardt han kjempet, kunne han ikke fullstendig beseire det mektige sjøuhyret.

"THOR AND THE MIDGARD SERPENT - THE BATTLE FOR THE WORLD'S SEAS"

In ancient times, in the distant land of Asgard, lived the mighty god Thor, the son of Odin and Frigg. Thor was known for his strength and fierce temper, but he was also a protector of both humans and the realm of the gods.

One day, while Thor walked along the shores of the world's seas, he was warned by his father, Odin, about a terrible threat lurking in the depths of the ocean. It was the Midgard Serpent, a gigantic sea monster that had enchanted the seas with its immense size and malevolence.

Thor, always ready for a challenge, grasped his mighty hammer Mjölnir and hurled it with tremendous force towards the Midgard Serpent. However, the monster was cunning and evaded the blow, hiding in the depths of the ocean. Undeterred, Thor was determined to defeat the Midgard Serpent and restore peace to the world's seas.

The next day, Thor returned to the coast, patiently waiting for the Midgard Serpent. As the monster emerged from the sea to attack, Thor swung Mjölnir in a powerful arc and struck the Midgard Serpent with a blow that shook the entire earth. But even this mighty blow failed to kill the creature, and the Midgard Serpent retreated back into the depths of the ocean.

Thor became even more obsessed with defeating the Midgard Serpent and embarked on several journeys to hunt down the creature. However, no matter how hard he fought, he could not completely vanquish the mighty sea monster.

Til slutt, da han følte seg nesten motløs, kom den vise guden Frigg til ham. Hun fortalte ham om en gammel spådom som sa at Tor og Midgardsormen til slutt ville møtes i en endelig kamp, og at det var forutbestemt at uhyret ville bli beseiret, men ikke før Ragnarok, verdens undergang.

Selv om Tor var skuffet over at han ikke kunne beseire Midgardsormen umiddelbart, forstod han viktigheten av at verden måtte gå sin skjebne gjennom Ragnarok først. Han bestemte seg for å akseptere dette og fortsette å være en beskytter av menneskene og gudenes rike.

Siden den dagen har Tor stått som en viktig beskytter i kampen mot ondskap og kaos, og han venter tålmodig på den endelige kampen mot Midgardsormen ved verdens ende. Inntil da vil han fortsette å kjempe for fred og rettferdighet i verden, og han vil aldri gi opp kampen mot uhyret som truer verdenshavet.

Finally, feeling almost disheartened, the wise goddess Frigg came to him. She told him about an ancient prophecy that said Thor and the Midgard Serpent would eventually meet in a final battle, and it was destined that the creature would be defeated, but not until Ragnarok, the world's end.

Although Thor was disappointed that he could not defeat the Midgard Serpent immediately, he understood the importance of the world's destiny through Ragnarok. He decided to accept this and continue being a protector of humans and the realm of the gods.

Since that day, Thor has stood as a significant protector in the battle against evil and chaos, patiently awaiting the final battle against the Midgard Serpent at the world's end. Until then, he will continue to fight for peace and justice in the world, never giving up in his struggle against the creature that threatens the world's seas.

Sjøuhyre - Sea monster
Forhekset - Enchanted
Voldsomme - Fierce or violent
Ragnarok - The world's end in Norse mythology
Skjebne - Destiny or fate
Beskytter - Protector
Motløs - Disheartened or discouraged
Tålmodig - Patient
Gjenopprette - To restore

"BALDER OG MISTLETOE - TRAGEDIEN OM DEN UBESKYTTEDE GUDEN"

I den fjerne verdenen Asgard, i gudenes rike, levde den vakre og gode guden Balder, sønn av Odin og Frigg. Balder var elsket av alle for sin godhet og fredfulle natur. Hans hud var usårlig, og ingen våpen kunne skade ham. Derfor trodde alle at Balder var udødelig.

Men en natt fikk Frigg en skremmende drøm om Balder. Hun ble overveldet av frykt for at sønnen hennes var i fare. For å beskytte ham, gikk hun til alle skapningene i verden og ba dem sverge en ed om at de aldri ville skade Balder.

Alle skapningene i verden gikk med på å avlegge eden for å beskytte Balder. Men Frigg overså en liten, tilsynelatende uskyldig plante kalt mistelteinen. Denne planten vokste på et tre som Frigg mente var for fredelig til å være en trussel mot sønnen hennes.

Loki, guden av list og bedrag, fikk vite om Friggs glemsomhet og brukte det til sin fordel. Han smidde en pil av mistelein og forberedte seg på å bruke den mot Balder.

En dag, mens gudene var samlet i Valhall for å leke og ha det gøy, utfordret de hverandre til å prøve å skade Balder. De kastet alt slags våpen på ham, men ingenting kunne skade den ubeskyttede guden. Alle lo og lovet å beskytte Balder enda mer.

Da så Loki sin sjanse. Han ga pilen av mistelein til den blinde guden Höder og ledet ham til å skyte mot Balder.

"BALDER AND MISTLETOE - THE TRAGEDY OF THE UNPROTECTED GOD"

In the distant world of Asgard, in the realm of the gods, lived the beautiful and kind god Balder, the son of Odin and Frigg. Balder was loved by all for his goodness and peaceful nature. His skin was invulnerable, and no weapon could harm him. Thus, everyone believed Balder to be immortal.

However, one night, Frigg had a terrifying dream about Balder. She was overwhelmed with fear that her son was in danger. To protect him, she went to all creatures in the world and asked them to swear an oath never to harm Balder.

All the creatures in the world agreed to take the oath to protect Balder. But Frigg overlooked a small, seemingly innocent plant called mistletoe. This plant grew on a tree that Frigg thought was too peaceful to be a threat to her son.

Loki, the god of cunning and deceit, learned of Frigg's forgetfulness and used it to his advantage. He forged an arrow from mistletoe and prepared to use it against Balder.

One day, while the gods gathered in Valhalla to play and have fun, they challenged each other to try to harm Balder. They threw all sorts of weapons at him, but nothing could harm the unprotected god. Everyone laughed and promised to protect Balder even more.

Then, Loki saw his chance. He gave the arrow of mistletoe to the blind god Höder and led him to shoot at Balder.

Uvitende om hva han gjorde, avfyrte Höder pilen, og den traff Balder midt i hjertet.

Med et hjerteskjærende skrik falt Balder død om. Gudene var fylt av sorg og fortvilelse. Odin ba Frigg om å bringe sønnen tilbake til livet, men hun kunne ikke. Balder hadde gått til Hel, riket for de døde.

Gudene holdt en storslått begravelse for Balder, hvor hele verden gråt for tapet av den gode guden. Selv misteltein, som var årsaken til tragedien, ble hellig og fikk en spesiell betydning i fremtidige ritualer.

Tragedien om Balder og misteltein minnet gudene om at selv de mektigste er sårbare. Den tjente som en påminnelse om at ingen er immune mot tragedie og at selv den minste forsømmelse kan ha store konsekvenser. Sorgen over Balder gikk dypt inn i hjertene til gudene, og de sverget å aldri glemme hans minne.

Unaware of what he was doing, Höder released the arrow, and it struck Balder in the heart.

With a heart-rending cry, Balder fell dead. The gods were filled with grief and despair. Odin asked Frigg to bring their son back to life, but she couldn't. Balder had gone to Hel, the realm of the dead.

The gods held a grand funeral for Balder, where the whole world wept for the loss of the good god. Even mistletoe, which caused the tragedy, became sacred and acquired a special significance in future rituals.

The tragedy of Balder and mistletoe reminded the gods that even the mightiest are vulnerable. It served as a reminder that no one is immune to tragedy and that even the smallest oversight can have significant consequences. The sorrow over Balder struck deep into the hearts of the gods, and they vowed never to forget his memory.

Begravelse - Funeral
List - Cunning or craftiness
Hjerteskjærende - Heart-rending
Forsømmelse - Negligence or oversight
Fortvilelse - Despair or desperation
Ubeskyttede - Unprotected
Hel - The realm of the dead in Norse mythology
Gudene - The gods
Frykt - Fear
Skapningene - Creatures

"MØRKET I SKOGEN"

Midt i den dype, mørke skogen, hvor trærne sto tett og skyggene danset, lå en liten og avsidesliggende landsby. I denne tilsynelatende fredelige landsbyen jobbet politioverbetjent Henrik Johansen. Han var en hardtarbeidende mann med et skarpt sinn og en urokkelig rettferdighetssans.

En kald og disig morgen fikk Henrik en anrop om en mistenkelig hendelse ved skogens kant. Han tok på seg uniformen, grep lommelykten og satte kursen mot skogen. Når han nærmet seg skogens rand, kunne han føle en uhyggelig følelse av at noe var galt.

I den tette skogen fant Henrik en kropp liggende livløs på bakken. Kroppen var dekket av mørke skygger, og det ble vanskelig å se detaljene. Med hjertet bankende i brystet, gikk han nærmere og skinte lyset fra lommelykten over den døde personen.

Det var en ung kvinne, kledd i falmende klær og omgitt av en aura av mysterium. Hun hadde vakre, men livløse øyne, og det var tydelig at hun hadde vært død i flere timer. Henrik følte en klump i halsen mens han undersøkte åstedet, og det var noe i atmosfæren som fikk ham til å føle at han var i en nordisk noir-roman.

Henrik visste at han måtte finne ut hva som hadde skjedd med kvinnen og hvem som sto bak hennes tragiske skjebne. Han begynte å undersøke spor i skogen, og det var som om trærne holdt på deres egne mørke hemmeligheter.

"THE DARKNESS IN THE FOREST"

In the heart of the deep, dark forest, where trees stood close together and shadows danced, lay a small and secluded village. In this seemingly peaceful village, worked Police Chief Henrik Johansen. He was a hardworking man with a keen mind and an unwavering sense of justice.

On a cold and foggy morning, Henrik received a call about a suspicious incident at the edge of the forest. He put on his uniform, grabbed his flashlight, and headed towards the forest. As he approached the forest's edge, he could feel an eerie sense that something was wrong.

In the dense forest, Henrik found a lifeless body lying on the ground. The body was covered in dark shadows, and it became difficult to see the details. With his heart pounding in his chest, he approached and shined the light from his flashlight over the deceased person.

It was a young woman, dressed in faded clothes, surrounded by an aura of mystery. She had beautiful but lifeless eyes, and it was clear that she had been dead for several hours. Henrik felt a lump in his throat as he examined the crime scene, and there was something in the atmosphere that made him feel like he was in a Scandinavian noir novel.

Henrik knew he had to find out what had happened to the woman and who was behind her tragic fate. He began to investigate the scene in the forest, and it was as if the trees held their own dark secrets.

Han snakket med landsbyens innbyggere, men ingen hadde sett eller hørt noe mistenkelig. Det var som om skogen hadde svelget sannheten, og begravet den dypt blant sine skygger.

Men Henrik ga ikke opp. Han fortsatte å grave dypere inn i skogens hemmeligheter, kikke inn i de dystre øynene til innbyggerne og følge tråder som ledet ham stadig nærmere sannheten.

Etter dager med intens etterforskning oppdaget han endelig noen små spor som ledet ham til en avsidesliggende hytte dypt inne i skogen. Den var fylt med spor av en liv godt skjult fra offentlighetens øyne.

Da han nærmet seg hytten, hørte han suset av en elv som strømmet i nærheten. Henrik visste at tiden var knapp, og han måtte handle raskt før sannheten forsvant for alltid.

Med hjertet dunkende i brystet, gikk han inn i hytten og stod ansikt til ansikt med den personen som bar ansvaret for den unge kvinnens død. Der, i mørket, konfronterte han sannheten om en forferdelig forbrytelse som hadde blitt skjult blant trærne.

Henrik Johansen, politioverbetjenten fra den avsidesliggende landsbyen, hadde funnet sannheten i mørket i skogen - en sannhet som ville hjemsøke ham for alltid. I den dystre atmosfæren av nordisk noir, hadde han stått ansikt til ansikt med ondskapen som lurer i de dypeste skogene og avdekket mørket som skjuler seg blant trærne

Avsidesliggende - Secluded
Forferdelig - Terrible
Forbrytelse - Crime
Fortvilelse - Despair
Hemsko - Haunt

He spoke to the villagers, but no one had seen or heard anything suspicious. It was as if the forest had swallowed the truth and buried it deep among its shadows.

But Henrik didn't give up. He continued to dig deeper into the forest's secrets, peering into the dark eyes of the villagers, and following leads that led him closer to the truth.

After days of intense investigation, he finally discovered some small clues that led him to a secluded cabin deep in the forest. It was filled with traces of a life well-hidden from public view.

As he approached the cabin, he heard the sound of a nearby river flowing. Henrik knew time was running out, and he had to act quickly before the truth disappeared forever.

With his heart pounding in his chest, he entered the cabin and came face to face with the person responsible for the young woman's death. There, in the darkness, he confronted the truth of a terrible crime that had been hidden among the trees.

Henrik Johansen, the Police Chief from the secluded village, had found the truth in the darkness of the forest - a truth that would haunt him forever. In the gloomy atmosphere of Scandinavian noir, he had faced the darkness that lurks in the deepest forests and uncovered the shadows hiding among the trees.

Uskyldig - Innocent
Falmende - Faded
Avissted - Crime scene
Uhyggelig - Eerie
Dunkende - Pounding
Knapp - Short or scarce

"SKYGGENE I MØRKET"

Det var en kald og regntung kveld i den forfalne byen.
Regnet trommet mot asfalten og skapte en disig atmosfære
i de mørke gatene. Detective Erik Andersen, en ensom sjel
med en skarp hjerne, hadde nettopp fått en ny sak å løse.
En serie av mystiske forsvinninger hadde plaget byen, og
innbyggerne var fylt med frykt.

Erik visste at dette var en sak som krevde all hans
dyktighet. Han tok på seg den gamle, slitte frakken, slo opp
paraplyen og forlot sitt kontor i den nedslitte politistasjonen.
Med hvert steg han tok, kjente han skyggene i mørket følge
etter ham.

Hans første ledetråd førte ham til et forlatt lagerhus nær
havnen. Det var et skummelt sted, med kreative graffitier
som fortalte historier om en by fylt med hemmeligheter. Erik
visste at dette var stedet å begynne.

Da han nærmet seg lagerhuset, hørte han en svak lyd. Han
fulgte lyden inn i mørket, og der, i hjørnet av et gammelt
rom, fant han en stakkars, forvirret kvinne. Hun var en av de
savnede.

Kvinnen fortalte en skremmende historie om å bli kidnappet
av ukjente menn og holdt fanget i det mørke lagerhuset.
Erik lyttet nøye til hennes ord, forsøkte å finne spor i hennes
forklaring. Han visste at hun var nøkkelen til å løse saken og
finne de som sto bak de mystiske forsvinningene.

Sakte, men sikkert, begynte Erik å nøste opp i tråder som
førte ham til en skjult kriminell underverden i byen. Han
gravde dypt inn i byens skygger, og hver ledetråd førte ham
dypere inn i mysteriet.

"SHADOWS IN THE DARKNESS"

It was a cold and rainy evening in the rundown city. The rain drummed against the asphalt, creating a misty atmosphere in the dark streets. Detective Erik Andersen, a lonely soul with a sharp mind, had just been assigned a new case to solve. A series of mysterious disappearances had been plaguing the city, and the residents were filled with fear.

Erik knew that this was a case that demanded all of his skill. He put on his old, worn-out coat, opened his umbrella, and left his office in the dilapidated police station. With every step he took, he felt the shadows in the darkness following him.

His first clue led him to an abandoned warehouse near the harbor. It was a spooky place, with creative graffiti telling stories of a city filled with secrets. Erik knew that this was where he had to start.

As he approached the warehouse, he heard a faint sound. He followed the sound into the darkness, and there, in the corner of an old room, he found a poor, confused woman. She was one of the missing.

The woman told a terrifying tale of being kidnapped by unknown men and held captive in the dark warehouse. Erik listened carefully to her words, trying to find clues in her explanation. He knew that she was the key to solving the case and finding those responsible for the mysterious disappearances.

Slowly but surely, Erik began to unravel threads that led him to a hidden criminal underworld in the city. He dug deep into the city's shadows, and each clue led him deeper into the mystery.

I løpet av flere uker av hardt arbeid og søvnløse netter, klarte Erik å avsløre en farlig kriminell liga som hadde operert i skyggene av byen i lang tid. De hadde kidnappet uskyldige mennesker for løsepenger, og de var dyktige til å gjemme seg i mørket.

Men Erik var ikke den som ga opp. Han konfronterte ligaens ledere og brakte dem for retten. Sakte, men sikkert, ble de mystiske forsvinningene løst, og byen kunne endelig puste lettet ut.

På sin siste natt i byen, sto Erik på kaien og så ut mot horisonten. Han visste at hans jobb her var gjort, og det var på tide å gå videre til nye utfordringer. Han hadde løst saken i sant skandinavisk stil - gjennom intens etterforskning, seighet og mot.

Men han visste også at skyggene alltid ville være der, alltid lurer i mørket. Så lenge det var ondskap i verden, ville det alltid være behov for en som ham - en detektiv som ville stå opp mot skyggene og kjempe for rettferdighet.

Over several weeks of hard work and sleepless nights, Erik managed to expose a dangerous criminal league that had been operating in the shadows of the city for a long time. They had kidnapped innocent people for ransom, and they were skilled at hiding in the darkness.

But Erik was not one to give up. He confronted the leaders of the league and brought them to justice. Slowly but surely, the mysterious disappearances were solved, and the city could finally breathe a sigh of relief.

On his last night in the city, Erik stood on the pier and looked out at the horizon. He knew that his job here was done, and it was time to move on to new challenges. He had solved the case in true Scandinavian style - through intense investigation, perseverance, and bravery.

But he also knew that the shadows would always be there, always lurking in the darkness. As long as there was evil in the world, there would always be a need for someone like him - a detective who would stand up to the shadows and fight for justice.

Forfalne - Rundown or dilapidated
Trommet - Drummed
Disig - Misty
Gravde - Dug
Seighet - Tenacity
Lurte - Lurking
Ondskap - Evil
Løsepenger - Ransom
Skummelt - Spooky
Avsløre - Expose or reveal

PRISFORSKJELLER MELLOM LONDON OG OSLO

Person A: Hei! Hvordan var turen til London?

Person B: Hei! Turen var fantastisk! London er virkelig en flott by.

Person A: Jeg er glad for å høre det! Hvordan var det med prisene der? Har du lagt merke til noen forskjeller sammenlignet med Oslo?

Person B: Ja, absolutt! Jeg var overrasket over hvor billig det var i London sammenlignet med Oslo. Mat, transport og underholdning - alt virket mye rimeligere der.

Person A: Virkelig? Det høres utrolig ut! Jeg har alltid hørt at London kan være ganske dyrt.

Person B: Ja, det er sant at noen turiststeder kan være dyre, men vi fant mange steder som var veldig rimelige. Spesielt maten var mye billigere enn hva vi vanligvis betaler i Oslo.

Person A: Det høres fristende ut! Hvordan var det med offentlig transport?

Person B: Offentlig transport var også mye rimeligere enn i Oslo. T-banen og bussene var enkle å bruke og ikke så kostbare.

Person A: Det høres veldig praktisk ut. Jeg har alltid synes at transporten i Oslo kan være ganske kostbar.

Person B: Ja, det er det absolutt. Jeg følte virkelig at pengene mine strakte seg mye lenger i London enn de ville ha gjort i Oslo.

PRICE DIFFERENCES BETWEEN LONDON AND OSLO

Person A: Hi! How was your trip to London?

Person B: Hi! The trip was fantastic! London is truly a great city.

Person A: I'm glad to hear that! How were the prices there? Did you notice any differences compared to Oslo?

Person B: Yes, definitely! I was surprised at how cheap it was in London compared to Oslo. Food, transportation, and entertainment - everything seemed much more affordable there.

Person A: Really? That sounds incredible! I've always heard that London can be quite expensive.

Person B: Yes, it's true that some tourist places can be expensive, but we found many places that were very reasonable. Especially the food was much cheaper than what we usually pay in Oslo.

Person A: That sounds tempting! How about public transportation?

Person B: Public transportation was also much cheaper than in Oslo. The subway and buses were easy to use and not as costly.

Person A: That sounds very convenient. I've always found transportation in Oslo to be quite expensive.

Person B: Yes, it definitely is. I really felt that my money went much further in London than it would have in Oslo.

Person A: Hva med kulturelle aktiviteter og attraksjoner?

Person B: Også der var prisforskjellene tydelige. Museer og gallerier hadde ofte gratis inngang eller rimelige billettpriser. Det gjorde det enklere å utforske byens kultur uten å bekymre seg for kostnadene.

Person A: Det høres ut som om London virkelig har mye å tilby uten å tømme lommeboken. Kanskje jeg burde vurdere å reise dit neste gang.

Person B: Definitivt! Jeg tror du vil elske det. London er en levende by med mye å se og gjøre, og det er absolutt en fordel at det ikke er like dyrt som Oslo.

Person A: Takk for tipsene! Det var flott å høre om opplevelsen din i London.

Person B: Ingen problem! Det var en glede å dele. Jeg håper du får en flott tur dit også!

Person A: Takk! Det tror jeg virkelig jeg vil ha nå. Ha en fin dag videre!

Person B: Du også! Ha det bra!

Person A: What about cultural activities and attractions?

Person B: There too, the price differences were evident. Museums and galleries often had free admission or reasonable ticket prices. It made it easier to explore the city's culture without worrying about the costs.

Person A: It sounds like London really has a lot to offer without emptying your wallet. Maybe I should consider going there next time.

Person B: Definitely! I think you'll love it. London is a vibrant city with a lot to see and do, and it's definitely a plus that it's not as expensive as Oslo.

Person A: Thanks for the tips! It was great to hear about your experience in London.

Person B: No problem! It was a pleasure to share. I hope you have a great trip there too!

Person A: Thanks! I really think I will now. Have a nice day ahead!

Person B: You too! Take care!

Rimeligere - More affordable/cheaper
T-banen - Subway (short for "Tunnelbane")
Inngang - Entrance
Bekymre - Worry
Levende - Vibrant
Lommeboken - Wallet
Flott - Great
Fristende - Tempting

SNØSTORMENS TILFLUKT

Person A: (pustende og iskald) Her er det godt å endelig finne ly! Den snøstormen kom brått på.

Person B: (skjelvende) Ja, virkelig! Jeg trodde vi skulle bli begravd i snøen der ute. Denne lille hytta ser ut som en oase midt i stormen.

Person A: (tar av seg våte votter) Det er virkelig flaks at vi fant denne hytta. Jeg var bekymret for at vi skulle bli fanget i snøen uten noe beskyttelse.

Person B: (gnir hendene for å få varmen) Helt enig. Det var litt av en overraskelse. Men nå kan vi i det minste varme oss opp her inne.

Person A: (ser rundt i hytta) Denne hytta ser ganske rustikk ut, men den har sikkert alt vi trenger for å overleve natten.

Person B: (setter seg ned ved ovnen) Ja, det virker som om den har en vedovn. Kanskje vi kan få fyr i den og varme opp hytta.

Person A: (samler noen vedkubber) Bra idé! Jeg skal se etter fyrstikker i skapet der.

Person B: (starter ovnen og blåser på flammene) Ah, det begynner å bli varmt allerede.

Person A: (finner fyrstikker og tenner ovnen) Flott! Nå blir det koselig her inne.

Person B: (tar av seg våte klær) Det er virkelig deilig å få av seg de våte klærne. Jeg var nesten gjennomvåt.

SHELTER FROM THE SNOWSTORM

Person A: (breathing heavily and freezing) It's good to finally find shelter! The snowstorm came on so suddenly.

Person B: (shivering) Yes, indeed! I thought we were going to be buried in the snow out there. This little cabin looks like an oasis in the middle of the storm.

Person A: (removing wet gloves) It's really lucky that we found this cabin. I was worried we would be trapped in the snow without any protection.

Person B: (rubbing hands to get warm) Totally agree. It was quite a surprise. But now, at least, we can warm up in here.

Person A: (looking around the cabin) This cabin looks quite rustic, but it probably has everything we need to survive the night.

Person B: (sitting down near the stove) Yes, it seems to have a wood stove. Maybe we can get it going and warm up the cabin.

Person A: (gathering some firewood) Good idea! I'll look for matches in the cupboard over there.

Person B: (starting the stove and blowing on the flames) Ah, it's already starting to get warm.

Person A: (finding matches and lighting the stove) Great! It's going to be cozy in here now.

Person B: (taking off wet clothes) It feels really good to get out of these wet clothes. I was almost soaked through.

Person A: (tar også av seg våte klær) Ja, jeg trodde ikke snøstormen skulle være så kraftig. Det er godt vi fant denne hytta i tide.

Person B: (setter seg ved ovnen) Absolutt. Nå kan vi bare slappe av og vente til stormen roer seg.

Person A: (ser ut vinduet) Det ser ut til at snøen fortsetter å falle. Vi burde kanskje vente her til morgenen.

Person B: (nikker) Ja, det høres fornuftig ut. Vi har nok mat og vann til å klare oss her en stund.

Person A: (smiler) Og vi har hverandre for selskap. Det blir nok en minneverdig opplevelse, det her.

Person B: (smiler tilbake) Absolutt. Vi vil nok alltid huske den gangen vi ble fanget i snøstormen og fant ly i denne lille hytta.

Person A: (rekker ut hånden) På en uforglemmelig opplevelse sammen!

Person B: (tar hånden) På det! Skål for hytta som reddet oss fra snøstormen!

(De løfter hånden og smiler mens de klinker hånden sammen i takknemlighet for den lille hytta som har gitt dem ly i stormen.)

Person A: (also removing wet clothes) Yes, I didn't expect the snowstorm to be so intense. It's a good thing we found this cabin in time.

Person B: (sitting by the stove) Absolutely. Now we can just relax and wait for the storm to calm down.

Person A: (looking out the window) It looks like the snow keeps falling. Maybe we should wait here until morning.

Person B: (nodding) Yes, that sounds sensible. We have enough food and water to last us here for a while.

Person A: (smiling) And we have each other for company. This will be a memorable experience, for sure.

Person B: (smiling back) Definitely. We'll probably always remember the time we got caught in the snowstorm and found shelter in this little cabin.

Person A: (extending hand) To an unforgettable experience together!

Person B: (shaking hands) Cheers to that! Here's to the cabin that saved us from the snowstorm!

(They raise their hands and smile as they clink hands in gratitude for the small cabin that provided them shelter in the storm.)

Tilflukt - Shelter/refuge
Vedovn - Wood stove
Fyrstikker - Matches
Gjennomvåt - Soaked through
Minneverdig - Memorable
Ly - Shelter

Other languages in the Rosetta Series:

Afrikaans
Albanian
Amharic
Arabic
Armenian (East, West)
Bengali
Bulgarian
Cantonese
Catalan (ENG, ESP)
Croatian
Czech
Danish
Dutch
Estonian
Esperanto (ENG, FRE, GER)
Farsi
Finnish
Frisian
Galician (ENG, ESP)
Gujarati
Hawaiian
Hebrew
Hindi
Hungarian
Icelandic
Indonesian
Irish
Italian
Japanese
Kazakh
Khmer
Korean
Lao

Latvian
Lithuanian
Maori
Malay
Mandarin (Banned on Weibo)
Neapolitan (ENG, ITA)
Nepali
Norwegian
Polish
Portuguese
Punjabi
Romanian
Romansh
Russian (And then it got worse)
Sami
Serbian
Sicilian (ENG, ITA)
Slovak
Slovene
Somali
Swahili
Swedish
Tagalog
Tamil
Thai
Turkish
Ukrainian
Urdu
Vietnamese
Welsh
Zulu